Milán

LA OTRA GUÍA

ESCRITA POR MARGHERITA DEVALLE
FOTOS DE OTTAVIO FANTIN

EDITORIAL JONGLEZ

Guías de viaje

«MILÁN BENDITA
MUJER ALTIVA Y SANGUÍNEA
CON DOS UBRES AMOROSAS
LISTAS PARA ALIMENTAR
A LOS PUEBLOS DEL MUNDO»

PER MILANO, ALDA MERINI (1931-2009)

Hay ciudades en las que podría vivir, y otras en las que no lo haría ni aunque me pagaran. Ciudades de las que me enamoro perdidamente antes de olvidarlas, como la más ingrata de las amantes.

Y luego está Milán.

Milán tiene un carácter fuerte: o te adopta o te rechaza, no hay término medio. Hace que te sientas en el centro del mundo o completamente fuera de lugar, te envuelve y, al minuto siguiente, te ignora. Es rápida, frenética, siempre ávida, maternal.

No es una ciudad que se muestre a primera vista. Hay que saber observarla, escucharla, seguir su ritmo. Quienes la encuentran gris nunca se han detenido lo suficiente para captar todos sus matices. Quienes la encuentran fría, simplemente no han encontrado nunca su lugar.

Este libro no es ni una guía exhaustiva, ni una lista de direcciones que hay que marcar como si fuera una lista de comprobación. Es el relato de una ciudad vivida a diario, a través de sus rincones ocultos, sus sabores auténticos, sus lugares en los que te tomas el tiempo de quedarte y aquellos que apenas rozas. Aquí encontrarás mis lugares favoritos, los que recomiendo a mis amigos, a los que siempre vuelvo y los que aún sigo descubriendo.

Describir Milán en solo 30 experiencias ha sido un reto, y he hecho trampas: los números no corresponden exactamente a los lugares de los que voy a hablarte, porque en realidad son muchos más. Milán es un mosaico, una ciudad que cambia de humor según la hora a la que se haya acostado la noche anterior.

Aquí puedes vivir siguiendo las reglas o rompiéndolas, sentirte como una gran dama o como un vagabundo, porque Milán es todo eso a la vez. En un cruce recuerda a *La dama del armiño*, y en la calle siguiente parece el escenario de una película apocalíptica. Es un poco como beber en el peor bar de Caracas después de haber cenado en una azotea de Manhattan. Y es precisamente esta mezcla lo que la hace tan hermosa, impulsada por quienes la habitan y que, en lugar de preguntarte quién eres, quieren saber qué haces.

Milán te emocionará o te irritará, pero nunca te dejará indiferente.

A través de estas páginas quiero llevarte al corazón de esta ciudad, hacer que sientas su ritmo frenético y sus rincones más íntimos, entre sus certezas inquebrantables y sus secretos susurrados a quienes se toman el tiempo de escuchar. Una cocina sincera, ambientes sorprendentes, lugares en los que apetece detenerse.

Porque si Milán da a menudo la impresión de no tener ni un segundo que perder, esta guía es una invitación a descubrirla sin prisas.

Y tal vez, página a página, llegues a enamorarte de ella.

Margherita Devalle

Esta playlist cuenta Milán a través de las voces de artistas que la han vivido, amado, atravesado o incluso tan solo soñado. La he compuesto como se compone una banda sonora: para acompañar la lectura de estas páginas, pero también el ritmo de tus pasos. Escúchala con los ojos cerrados, mientras paseas, a bordo de un tranvía, en un taxi tomado al vuelo, o en esos instantes en que te detienes a contemplar cómo Milán se despliega ante tus ojos, como una escena de cine.

Antigua exploradora urbana, escritora, locutora de radio y podcastera, **Margherita Devalle**, alias Fatty Furba, trabaja en proyectos internacionales de música y viajes. Vive y trabaja en Milán, donde se ha convertido en un referente en cuanto a estilo de vida, gracias a su mirada única e innovadora, capaz de captar en pocos instantes la esencia de la ciudad italiana donde tradición y modernidad se entrelazan constantemente, sin dejar nunca de explorar y de contar el mundo.

Fotógrafo apasionado por la fotografía callejera, **Ottavio Fantin** inmortaliza desde 2006 la energía de la ciudad y la poesía de los espacios vacíos, principalmente en formato analógico. Residente en Milán, colabora con grandes marcas de moda y artistas musicales en Italia y a nivel internacional.

EN ESTA GUÍA, **NO ENCONTRARÁS**

- Aperitivos con buffet libre
- El eterno recorrido por el Duomo, la Galleria, Montenapoleone y adiós
- Restaurantes con menús traducidos a diez idiomas

EN ESTA GUÍA, **ENCONTRARÁS**

- El número de un apartamento típico del viejo Milán donde almorzar con desconocidos
- Un arcoíris escondido en una iglesia
- Una frutería que también prepara cócteles
- Las direcciones de las auténticas *trattorias* milanesas
- Una casa llena de libros para consultar gratuitamente
- El bocadillo perfecto después de medianoche
- Una pizzería genial
- Una razón para volver, incluso si crees que ya lo has visto todo

LOS SÍMBOLOS DE
MILÁN

Menos
de 20 €

Entre
20 y 50 €

Más
de 50 €

Se recomienda
reservar

100%
milanés

Los horarios de apertura suelen variar,
por lo que recomendamos consultarlos directamente
en la página web del lugar que vaya a visitar.

01. Cenar en un apartamento privado
02. Uno de los lugares más preciosos del mundo dedicados al arte contemporáneo
03. Pedalear en un velódromo mítico
04. Un magnífico bar de estilo *vintage*
05. Las vistas más hermosas de la ciudad
06. Un quiosco de vinilos en medio de las trampas para turistas
07. Una noche loca en Chinatown
08. Un oasis de bienestar magnífico
09. La magia del cine al aire libre
10. Vendedor de verduras, y parada para el aperitivo
11. Quemarse el pelo para hacerlo más fuerte
12. Una arquitectura excepcional para el arte etrusco
13. ¿La mejor *trattoria* de la ciudad?
14. Querrás dar otra vuelta cuando llegue el momento de irse
15. Más de 35 000 libros en un solo lugar
16. La noche milanesa
17. Una experiencia única, íntima y extraordinaria
18. Comida callejera a la milanesa
19. Un restaurante donde puedes meditar en el sótano de un templo secreto
20. Visita una de las bibliotecas más bonitas del mundo
21. Las mejores coctelerías de Milán
22. Pasar un día en los Navigli como un milanés
23. Una pizzería genial anclada en los años 70
24. Escuchar un concierto improvisado en una librería
25. Un *underground* realmente subterráneo
26. Un restaurante que resiste el paso del tiempo
27. Visita un museo excepcional, sin multitudes
28. La cocina milanesa de antaño
29. El arte del siglo XX al alcance de todos
30. Una joya oculta del Renacimiento

13

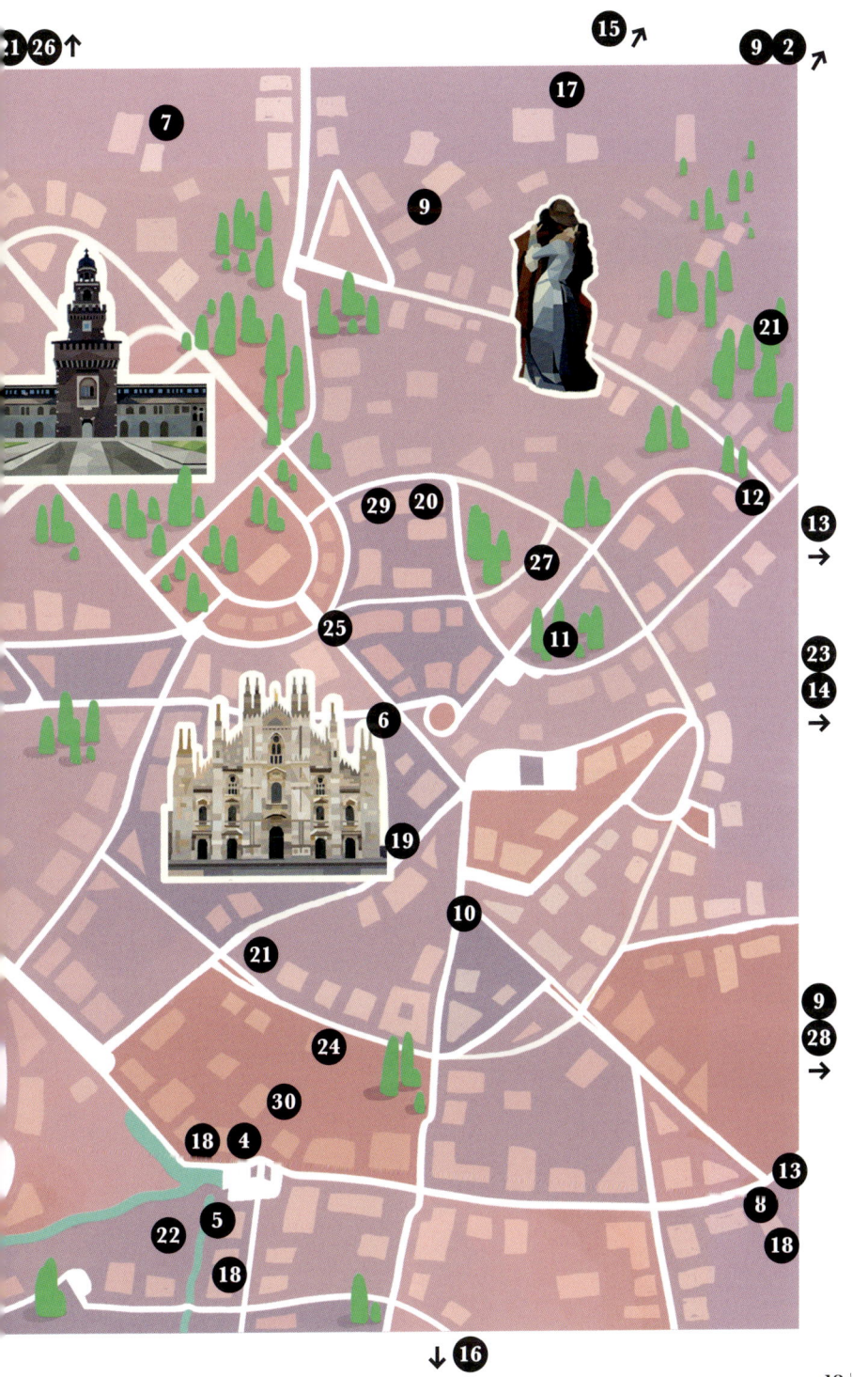

14

#01

CENAR EN UN
APARTAMENTO PRIVADO

Ubicado en la última planta de un apartamento de la parte antigua de Milán, entre los edificios de via Padova, la casa di Alfio es un encantador restaurante en casa, acogedor y refinado, donde la mesa se decora de manera distinta cada vez.

Comida, vino, compartir, música y Nina, estas son las cinco palabras clave de Alfio, sobrenombre de Alfredo Chirizzi. Aquí cenas literalmente en su apartamento.

La historia de Alfredo comienza en el mundo de la moda, donde trabajó durante años como *visual merchandiser* para marcas de lujo hasta que, iluminado por el nacimiento de su hija Nina, decidió dejarlo todo para dedicarse a lo que realmente le hace feliz: cocinar y compartirlo con amigos. Así nació *Alfio Sunday Service*.

Para reservar este viaje culinario, que compartirás con otras nueve personas, y que estará regado con vino natural y amenizado con buena música, solo tienes que escribirle por Instagram.

Cada cena es una experiencia única, y lo que sucede en este lugar casi secreto suele ser mágico.

ALFIO SUNDAY SERVICE
DIRECCIÓN SECRETA

info@ciaoalfio.it

ciaoalfio.it
Instagram: @alfio_alfredochirizzi

65 euros cena para compartir
Consulta el precio para una cena privada

#02

UNO DE LOS LUGARES MÁS PRECIOSOS DEL MUNDO
DEDICADOS AL ARTE CONTEMPORÁNEO

Para algunos, el Pirelli HangarBicocca es sencillamente uno de los lugares más bonitos del mundo dedicados al arte contemporáneo y una visita obligada en Milán. La extraordinaria obra de Anselm Kiefer, *Los siete palacios celestiales 2004-2015*, justifica por sí sola el viaje.

Ubicado en una antigua fábrica de locomotoras con una superficie de 15 000 metros cuadrados, este espacio exhibe de forma permanente la espectacular obra de Kiefer, además de ofrecer exposiciones temporales.

No olvides pasar un ratito en su librería, pequeña y muy bien surtida.

PIRELLI HANGARBICOCCA
VIA CHIESE, 2
20126 MILANO

pirellihangarbicocca.org
Instagram: @pirelli_hangarbicocca

Entrada gratuita

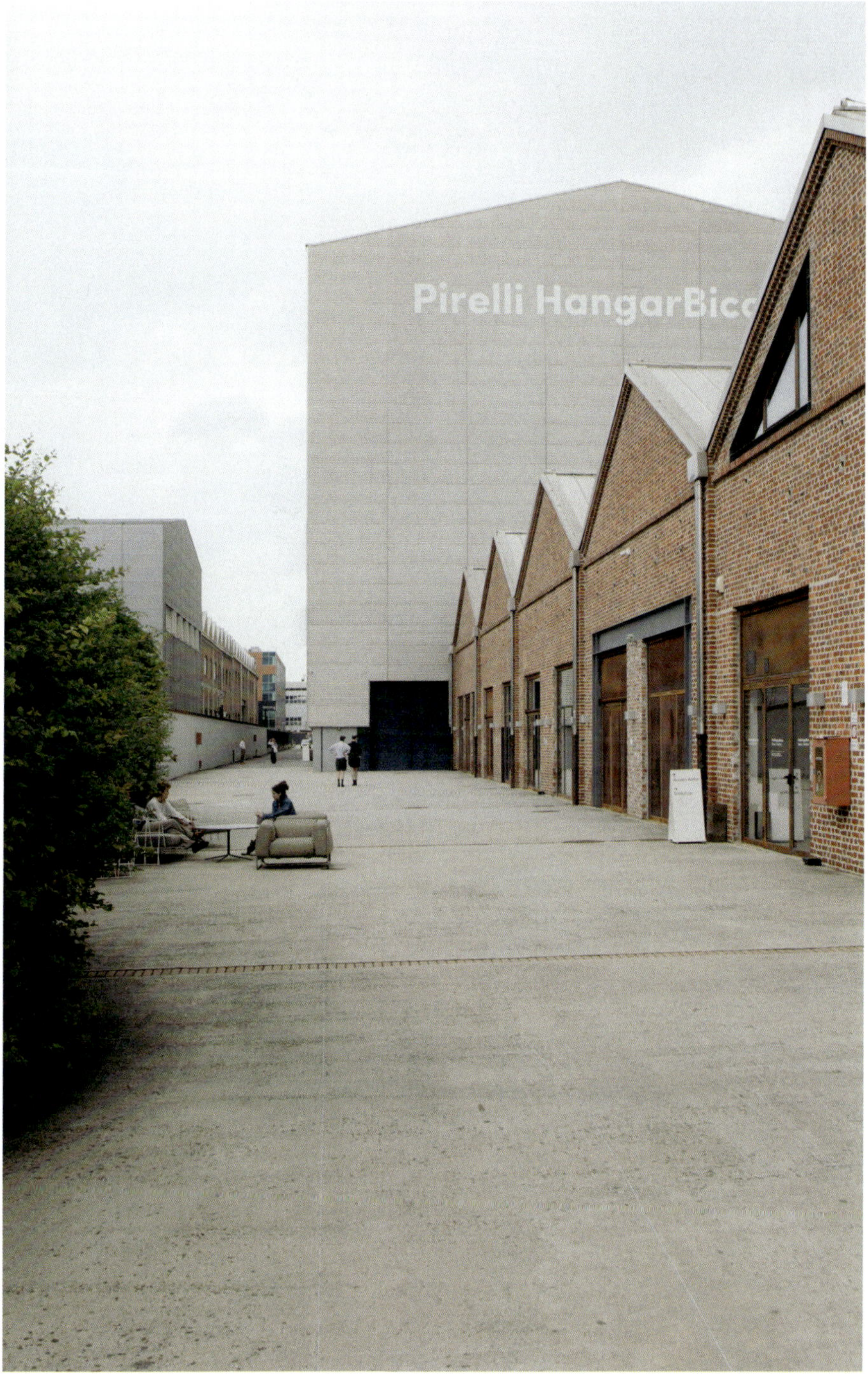
Pirelli HangarBicc

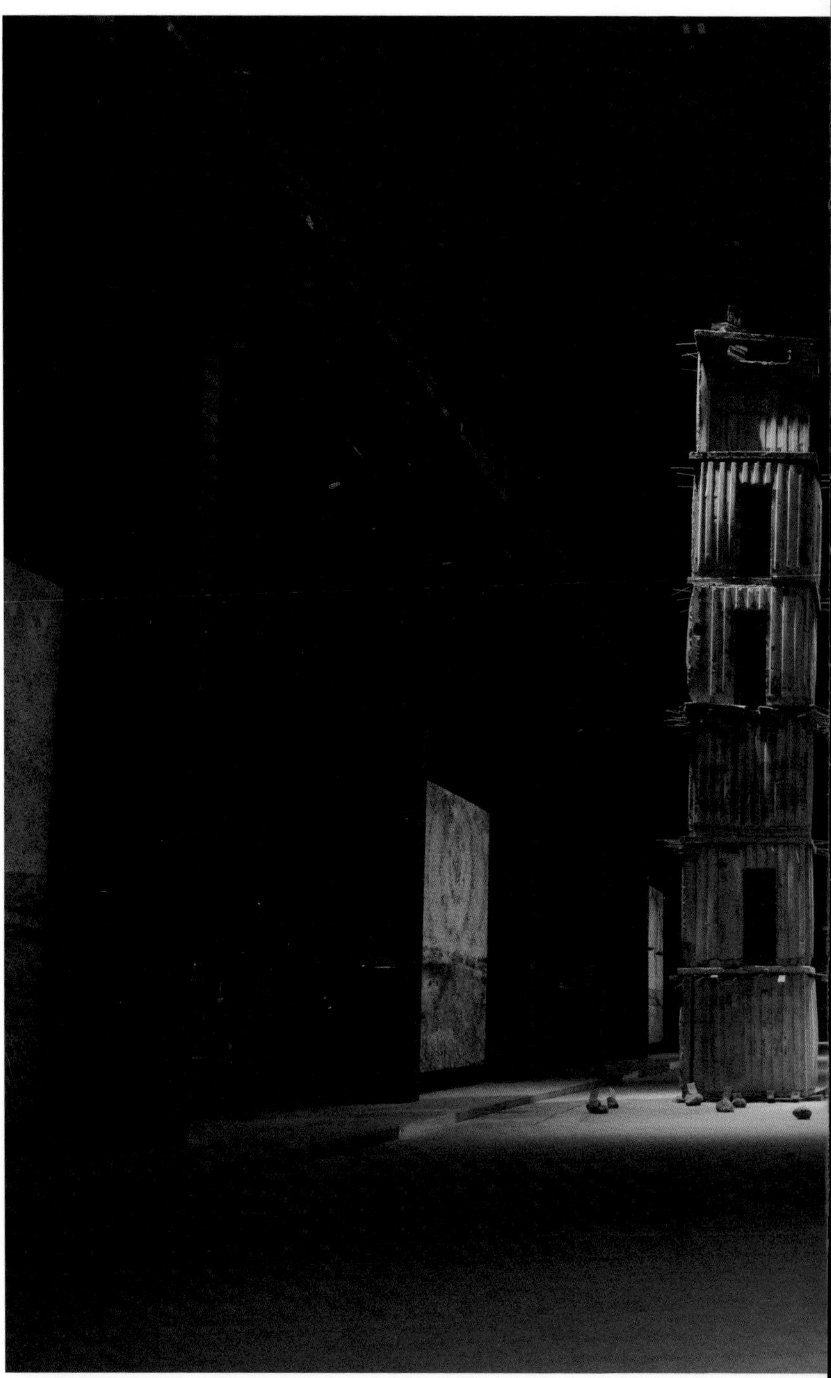

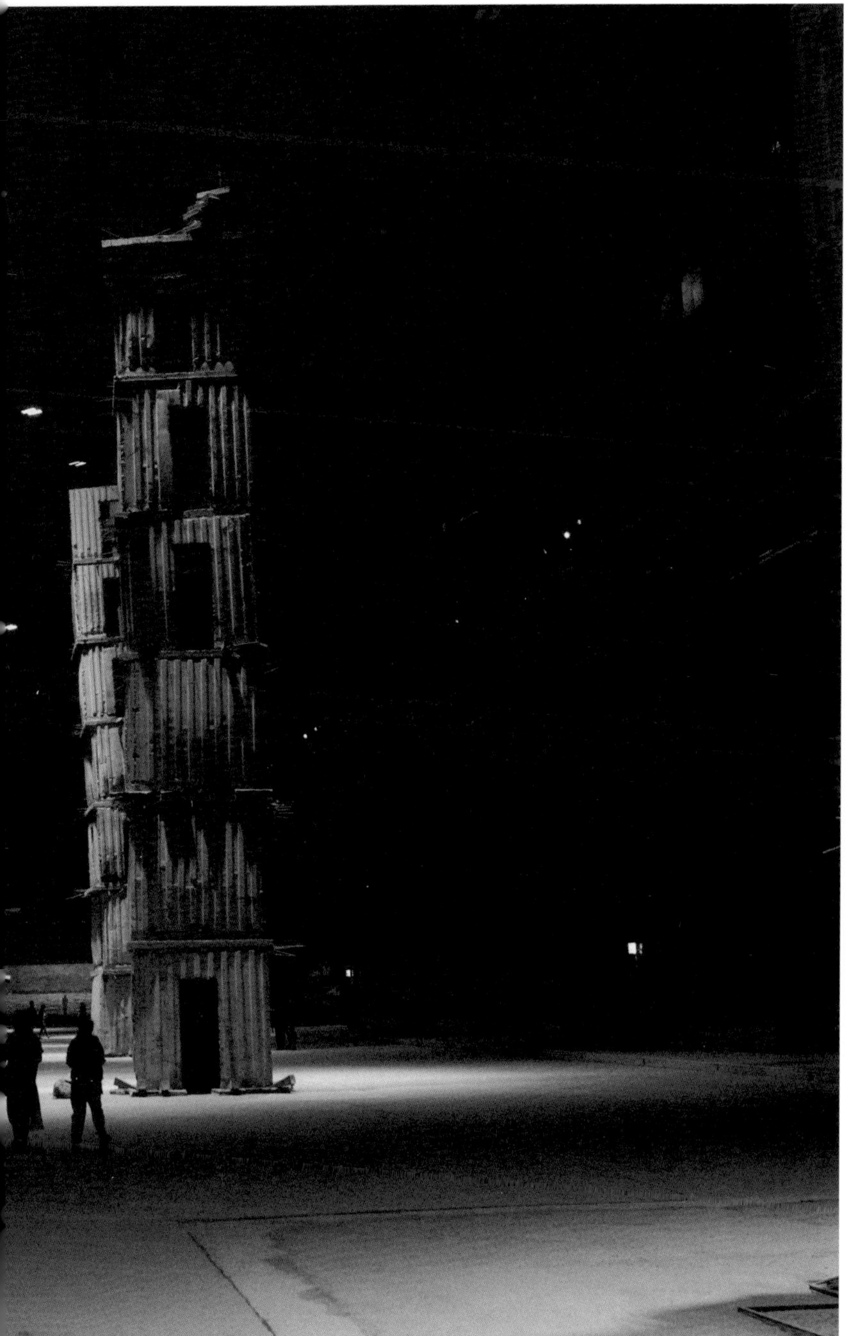

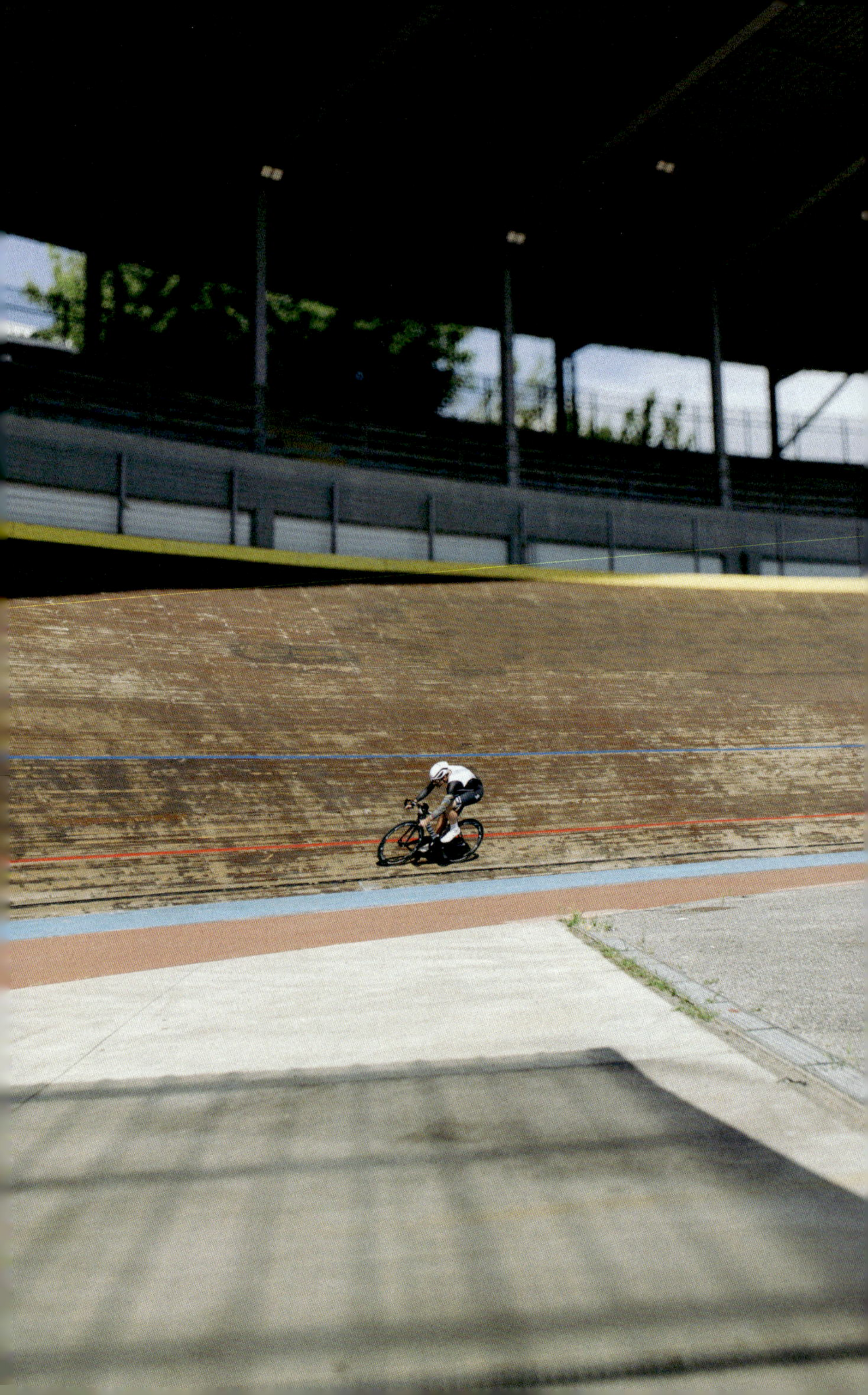

#03

PEDALEAR
EN UN VELÓDROMO MÍTICO

1935. En las callejuelas del Borg di Scigolatt, el barrio de los horticultores, nació un ícono milanés: el velódromo Vigorelli.

En la actualidad, si tienes licencia de una asociación ciclista (de cualquier país), tienes el inmenso privilegio de poder alquilar una bicicleta y rodar por la monumental pista de madera de época, declarada como patrimonio histórico.

Los exploradores más curiosos, buscad el nicho 31, un espacio secreto desde donde se puede ver la estructura original.

Apodada «la pista mágica», la Vigorelli también es un recuerdo imborrable de conciertos memorables como el primer concierto de los Beatles (1965), conmemorado con un placa dorada en la entrada, y el de Led Zeppelin (1971). No todos los conciertos salieron según lo planeado, pero esa es otra historia.

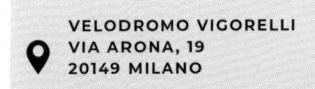

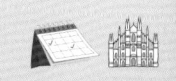

VELODROMO VIGORELLI
VIA ARONA, 19
20149 MILANO

vigorelli.eu
Instagram: @cvvigorelli

Visitas: MAR y SAB, a las 5 y 7 de la tarde

Cerrado: agosto y festivos

#04

UN MAGNÍFICO BAR
DE ESTILO *VINTAGE*

Escondido en un rincón de Porta Ticinese, The Doping Bar, da la impresión a primera vista, con sus baúles de cuero y sus recuerdos deportivos, de haberse perdido en Estados Unidos o en un club privado de la vieja Inglaterra.

Ubicado dentro del hotel Aethos Milan, este magnífico bar *vintage* es el lugar perfecto para tomar el aperitivo o para tomar algo después de cenar, con su carta de bebidas que cambia a menudo y su tenue iluminación.

Los domingos se ofrece un *brunch* de lujo con DJ y champán, para terminar la semana con estilo.

THE DOPING BAR
PIAZZA VENTIQUATTRO MAGGIO, 8
20123 MILANO

dopingbar.it

Instagram: @the.doping

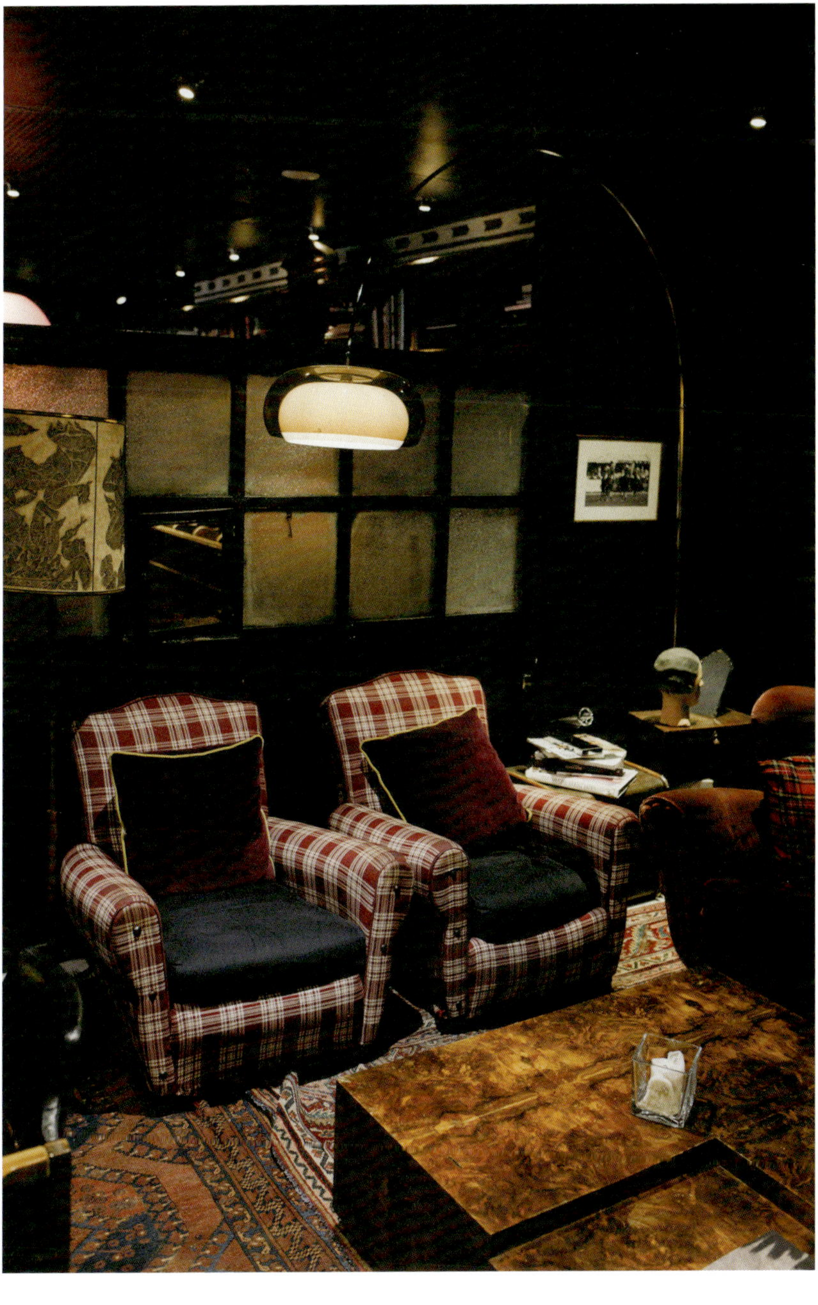

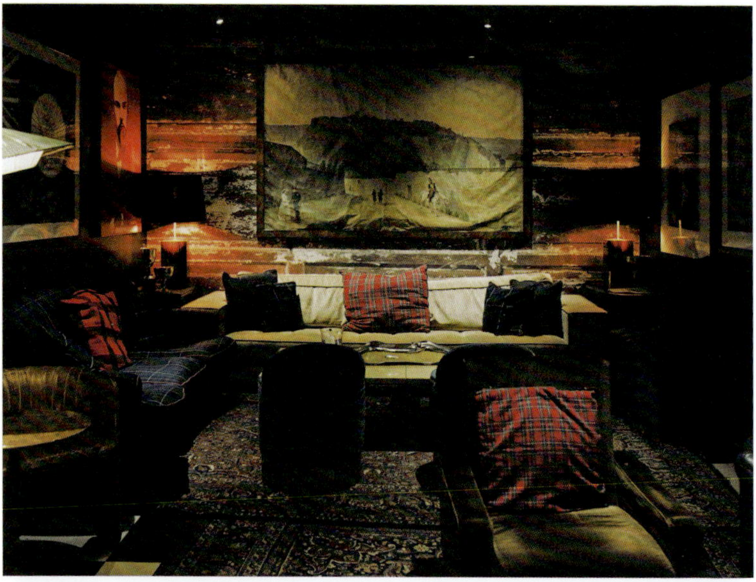

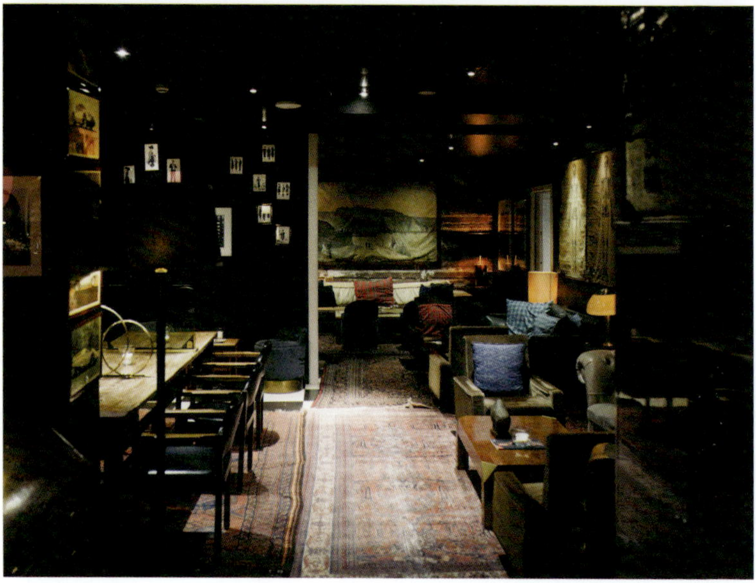

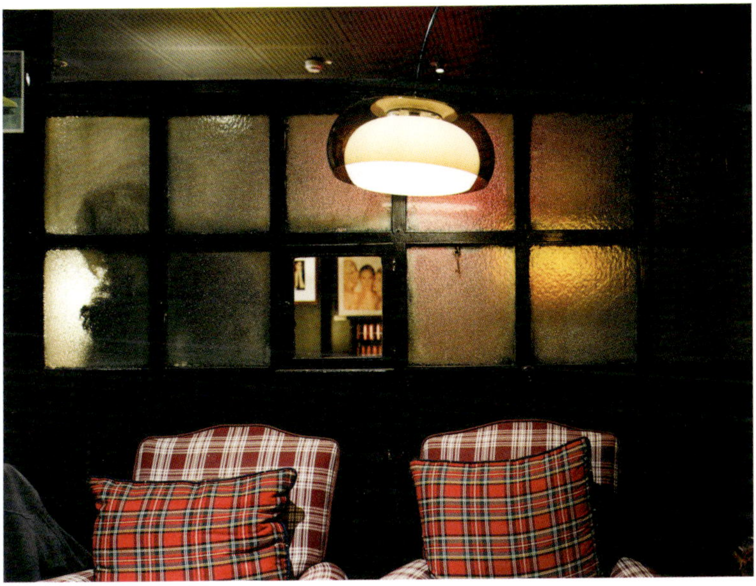

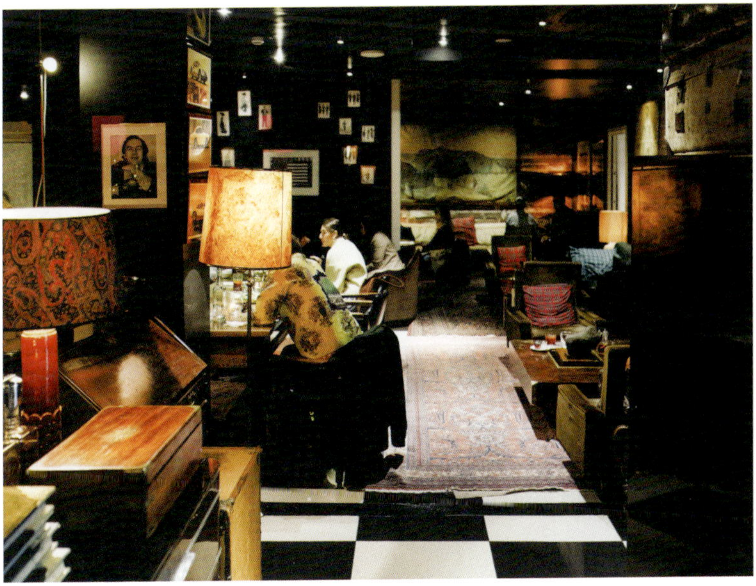

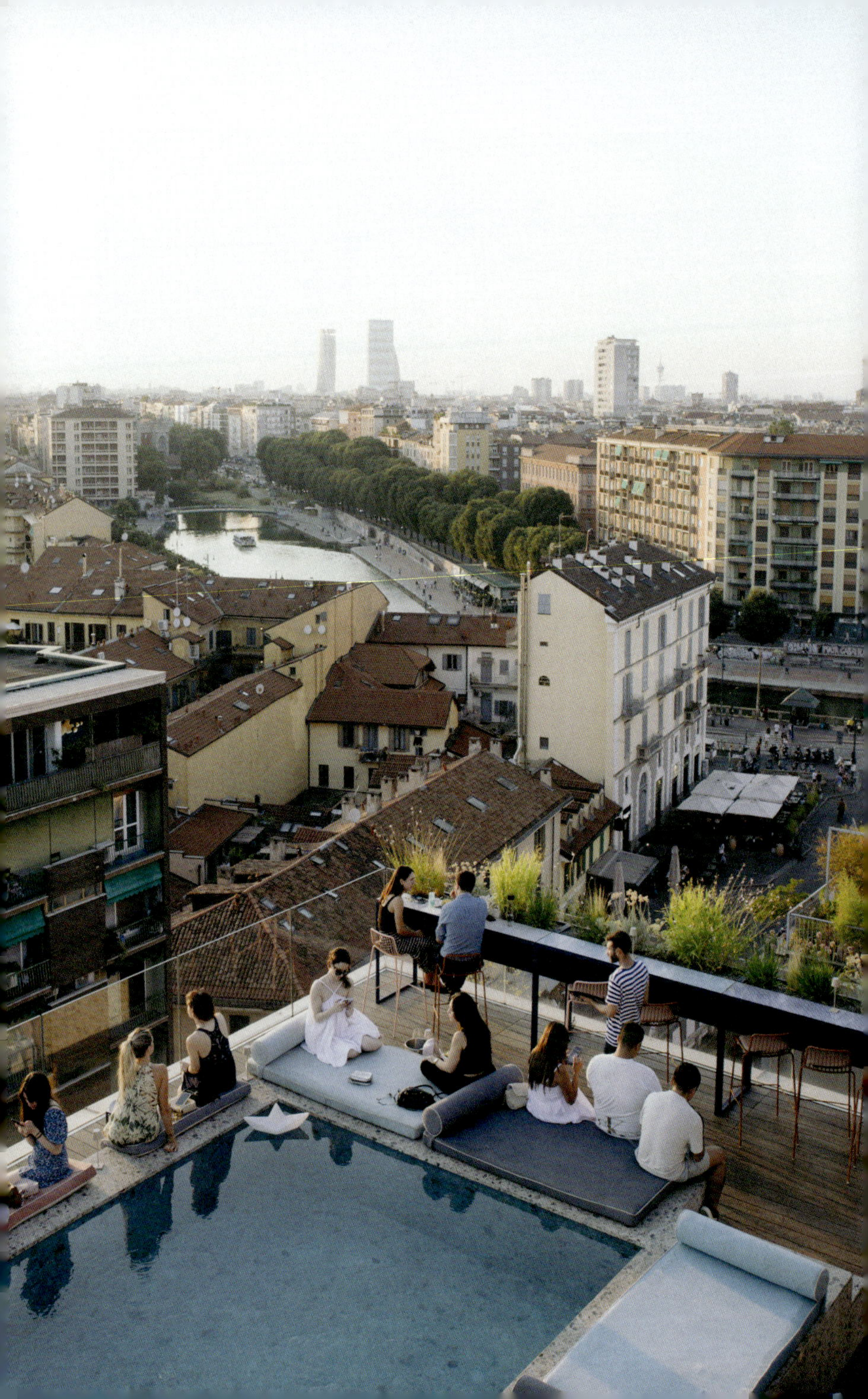

#05

LAS VISTAS MÁS HERMOSAS
DE LA CIUDAD

En la séptima planta del Hotel 21 House of Stories Navigli, abierto de primavera a otoño, el bar de la azotea, I Mirador, ofrece una de las vistas más hermosas de Milán.

Primero, reserva por email (imprescindible), luego siéntate en los cojines alrededor de la piscina, o en la planta de arriba, justo antes del atardecer. El momento ideal.

Frente a ti, tienes el Dársena, que se tiñe de naranja; a la izquierda, el estadio de San Siro y, a la derecha, la resplandeciente Madonnina del Duomo.

Estás en el lugar perfecto.

I MIRADOR
VIA PRIVATA FRATELLI ANGELO
E MARIO BETTINELLI, 3
20136 MILANO

Reservas:
imirador.superbexperience.com

Instagram: @imirador.milano

Para grupos
de + 8 personas:
booking@imirador.com

#06

UN QUIOSCO DE VINILOS
EN MEDIO DE LAS
TRAMPAS PARA TURISTAS

En la Piazza del Duomo, entre la multitud de turistas y las tiendas mediocres que les están destinadas, Gigi es un superviviente. En 1977, transformó el pequeño quiosco que había heredado de sus tíos en un auténtico santuario para los amantes del vinilo.

Aunque después de la Exposición Universal de Milán de 2015 añadió algunos souvenirs «para seguir en la onda», el corazón de su quiosco permanece intacto: vinilos clásicos que abarcan todas las épocas y todos los géneros, cada uno catalogado en su memoria, sin ningún registro escrito. Cada disco es una pieza única. Entre los tesoros escondidos del quiosco, pregúntale por el vinilo sellado y sin abrir de Rino Gaetano, o déjale que te cuente la historia de la venta de un Battiato de lo más raro. Entre sus clientes, hay muchos VIP; si te quedas más tiempo que el de un café, quizá veas pasar a algunos famosos...

DISCOVERY BY GIGI
PASSAGGIO SANTA MARGHERITA
PIAZZA DEI MERCANTI
20123 MILANO

+39 339 699 9417

ITALIA
RITIRO
DISCHI
VINILE
BEATLES
litfiba
IL VOLO
DOUGLAS QUINTET
MILANO
DONNA SUMMER
FOUR SEASONS OF LOVE

30

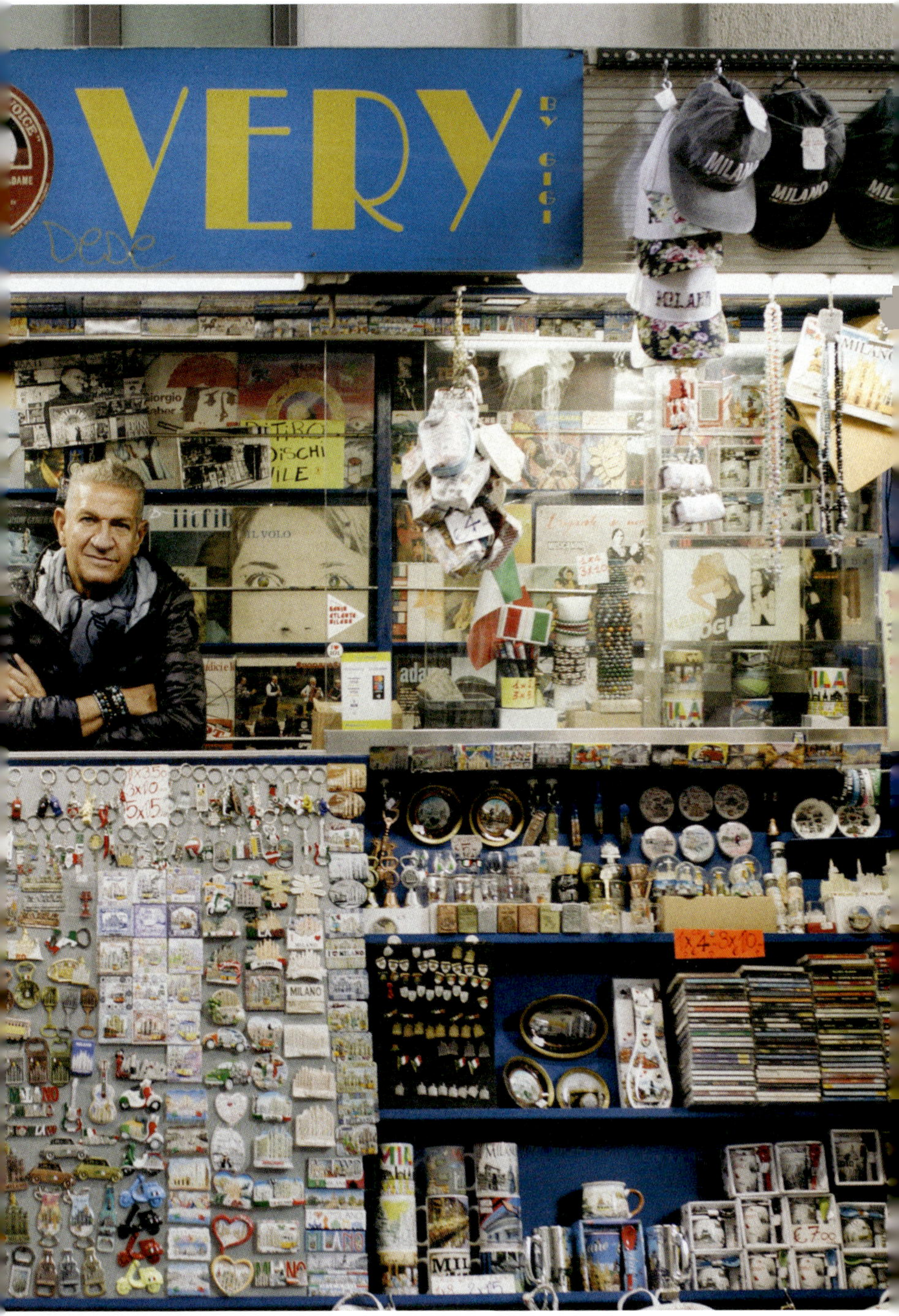
VERY
BY GIGI
MILANO
IL VOLO
DISCHI
MILANO

RAVIOLERIA SARPI

#07

UNA NOCHE LOCA
EN CHINATOWN

El Chinatown de Milán no tiene casi nada que envidiar al de Nueva York. Pero ¿a dónde ir entre tantos lugares –algunos de ellos muy prescindibles?

> Empieza tu visita con una copa de vino en **Cantine Isola**, un pequeño rincón del paraíso escondido en las calles del barrio, donde las paredes están cubiertas de etiquetas y botellas de excelentes vinos. Si el clima lo permite, disfrútalo al aire libre, sentado en los típicos taburetes de plástico rojo, al más puro estilo asiático. Los martes, organizan lecturas de poemas y canciones en milanés.

> Justo enfrente está la famosa **Ravioleria Sarpi**, un lugar que no te puedes perder: prueba sus raviolis rellenos, que preparan delante de ti, con ingredientes de calidad y un toque de amor. Dicen que son los mejores raviolis chinos de la ciudad. Puedes incluso intentar hacerlos en casa apuntándote a uno de sus cursos de cocina.

CANTINE ISOLA
VIA PAOLO SARPI, 30
20154 MILANO

+39 02 331 5249
cantineisola.com
Instagram: @cantine_isola

RAVIOLERIA SARPI
VIA PAOLO SARPI, 27
20154 MILANO

invioleriasarpi.com
Instagram: @lavioleriasarpi

MO SARPI

> A pocos pasos de ahí, la histórica **Macelleria Sirtori** ofrece tartar y *carpaccio* de ternera, los legendarios *mondeghili* (albóndigas típicas milanesas) con salsa de soja, larguísimas brochetas de ternera con especias y muchas otras especialidades para degustar sobre la marcha o en la gran mesa compartida.

> Otra joya de la comida callejera china es **Mo Sarpi**, un auténtico paraíso para quienes quieren descubrir recetas menos conocidas del *street food* asiático. No te pierdas el Mo, del que el restaurante toma su nombre, un tipo de sándwich relleno de cerdo ecológico.

> Alarga la noche en **PolyGram KTV Karaoke**, un referente donde sumergirte en la cultura asiática hasta altas horas de la madrugada: cabinas privadas, bebidas y canciones para cantar con los amigos que igual te convierten en la estrella del barrio.

MACELLERIA SIRTORI
VIA PAOLO SARPI, 27
20154 MILANO

+39 02 342 482

MO SARPI
VIA PAOLO SARPI, 25
20154 MILANO

Instagram: @mosarpi

MACELLERIA SIRTORI

HUA CHENG

> Si prefieres un restaurante chino de los de verdad, ve a **Hua Cheng**, sencillo y acogedor, con mesas compartidas y platos auténticos. No admiten reservas, pero la espera merece la pena, sobre todo por su *pak choi* y sus fideos frescos salteados.

POLYGRAM KTV KARAOKE
VIA PAOLO SARPI, 33
20154 MILANO

polygramktv.com
info@polygramktv.com

HUA CHENG
VIA GIORDANO BRUNO, 13
20154 MILANO

+39 02 345 1613
Instagram: @huacheng_milano

37

#08

UN OASIS DE BIENESTAR
MAGNÍFICO

Dentro de la muralla española de Porta Romana (siglo XVI), el QC Milano es un magnífico oasis de bienestar que vale mucho la pena visitar. Ofrece una treintena de actividades y distintos tratamientos: varias piscinas y jacuzzis, salas de relajación temáticas, experiencias multisensoriales (cine en la sauna, hammam con lluvia tropical, etc.), masajes, e incluso una sauna dentro de un tranvía. Cuando hace buen tiempo, puedes disfrutar del precioso jardín exterior. Es un buen lugar para pasar parte del día o de la tarde.

Tiene un buffet bastante bueno.

QC MILANO
PIAZZALE MEDAGLIE D'ORO, 2
ESQUINA VIALE FILIPPETTI
20135 MILANO

+39 02 8974 7205

Instagram: @qcterme

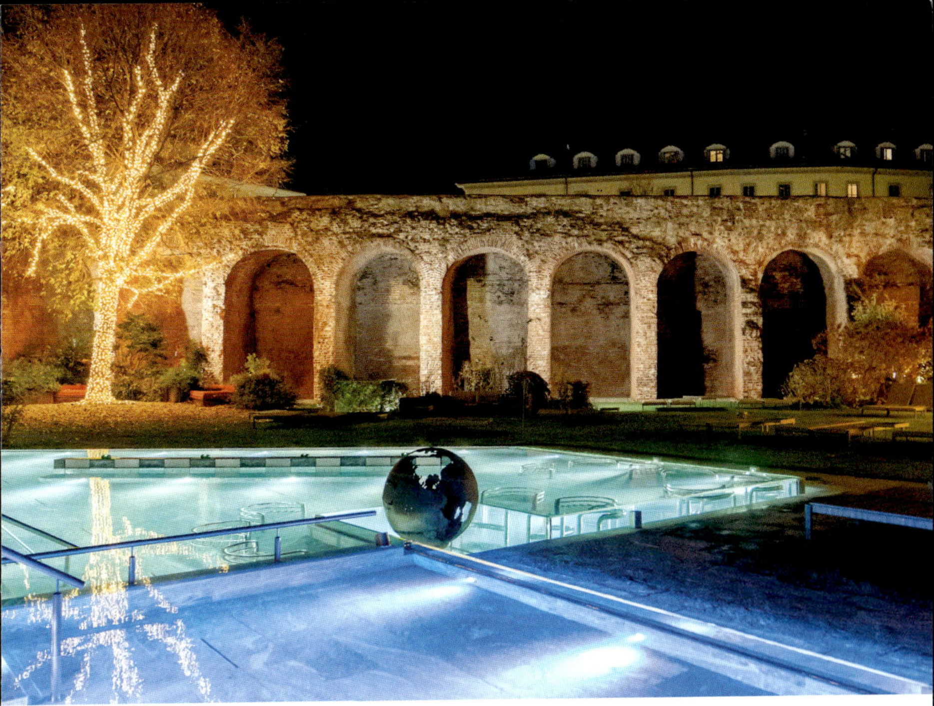

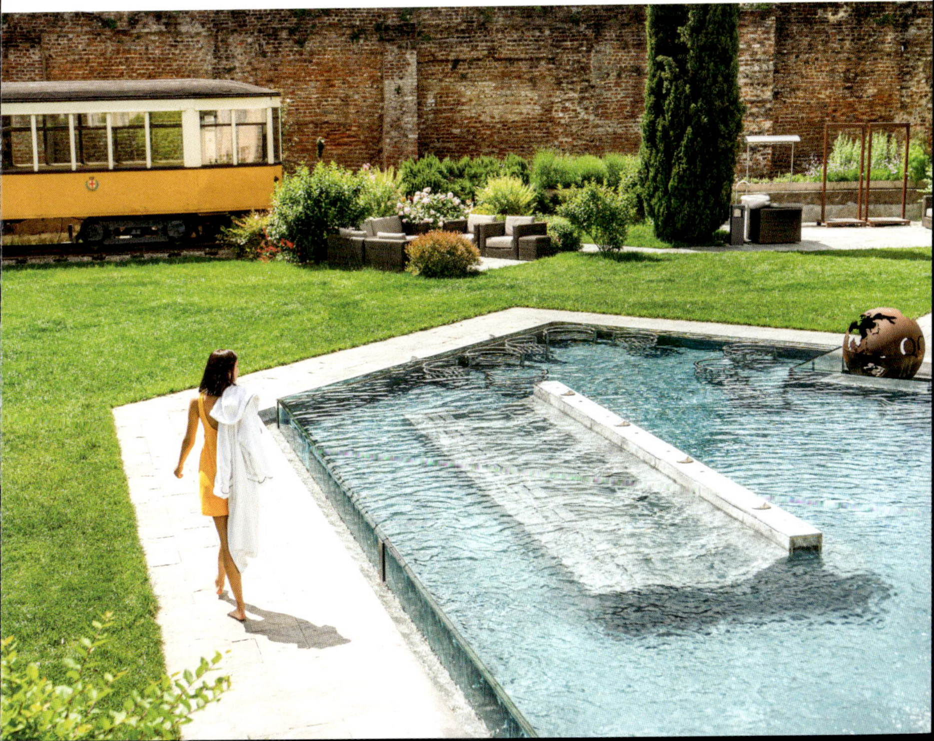

ARIANTEO

ANTEO
NELLA CITTÀ

FOTOS © IVAN CAVAGLIATO

#09

LA MAGIA DEL
CINE AL AIRE LIBRE

Ver una película al aire libre bajo las estrellas es uno de los grandes placeres de Milán. Y por suerte, **AriAnteo** organiza proyecciones en verano en muchos lugares de la ciudad, como el histórico patio del Palazzo Reale, el magnífico Chiostro dell'Incoronata o la Piazza Elsa Morante, con los impresionantes rascacielos de City Life, (como los diseñados por Daniel Libeskind y Zaha Hadid).

Otro de sus increíbles proyectos es **Anteo nella Città**, también al aire libre: una furgoneta que recorre los barrios de la ciudad llevando 200 asientos, una pantalla gigante y un proyector para instalarlos en lugares insólitos. Las películas se escuchan con auriculares.

Por último, cuando no hace tanto calor, Milán tiene salas independientes pequeñas y agradables como el **Cinema Beltrade** o **Il Cinemino**.

ARIANTEO	**CINEMA BELTRADE** VIA NINO OXILIA, 10 20127 MILANO	**IL CINEMINO** VIA SENECA, 6 20135 MILANO
Para informarse de los lugares y horarios: spaziocinema.info	cinemabeltrade.net Instagram: @cinemabeltrade	ilcinemino.it Instagram: @ilcinemino

Le Sere dei M

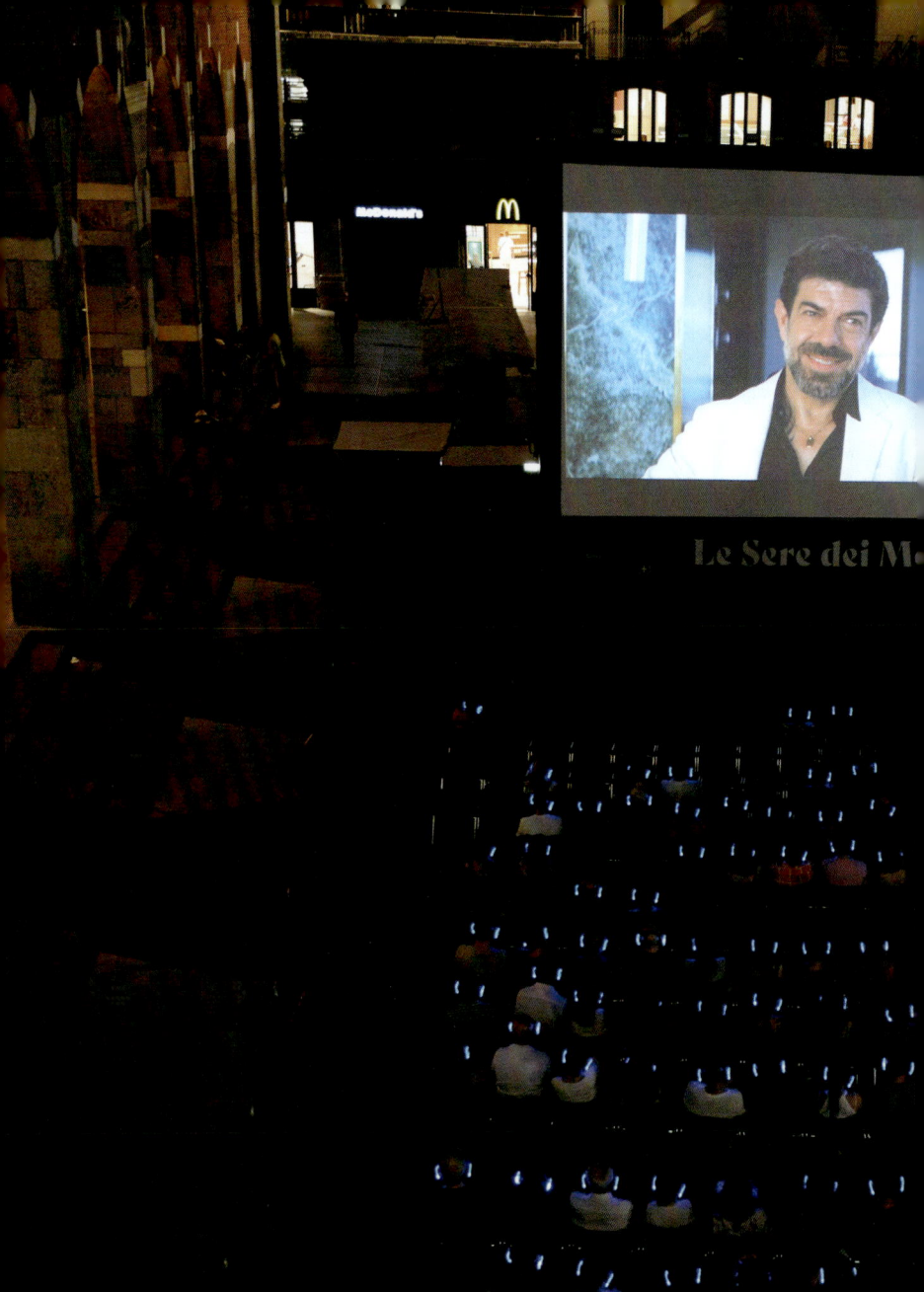

ARIANTEO

#10

VENDEDOR DE VERDURAS,
Y PARADA PARA EL APERITIVO

Abierto en 1919, tras varios años de traslados, Il Verzeratt ha encontrado el sosiego a la sombra de la encantadora basílica de San Nazaro in Brolo. Hoy, esta tienda histórica está gestionada por la cuarta generación de la familia. Este quiosco, que forma parte de la tradición milanesa, no solo vende frutas y verduras frescas: en los últimos años ha añadido *smoothies* y ensaladas de frutas, que sirven en pequeñas mesas al aire libre.

IL VERZERATT 1919
VIA OSTI, 2
20122 MILANO

+39 02 805 7784

Instagram: @verzeratt

Cuando el clima acompaña, también ofrece platos frescos como *caprese*, *prosciutto* y melón para el almuerzo.

Las noches de verano en este rincón de la ciudad se transforma en un lugar de irresistible encanto y en una parada perfecta para un aperitivo italiano detrás del Duomo: a partir de las 19 h, las fachadas renacentistas del Largo Richini cobran vida, acogiendo a grupos de amigos y transeúntes entre risas, charlas y el tintineo de los vasos.

Te esperan cócteles especiales con pomelo recién exprimido, preparados con esmero en un mostrador fabricado a partir de una vieja bicicleta que en su día transportaba carbón... Un lugar donde se siente la auténtica magia milanesa.

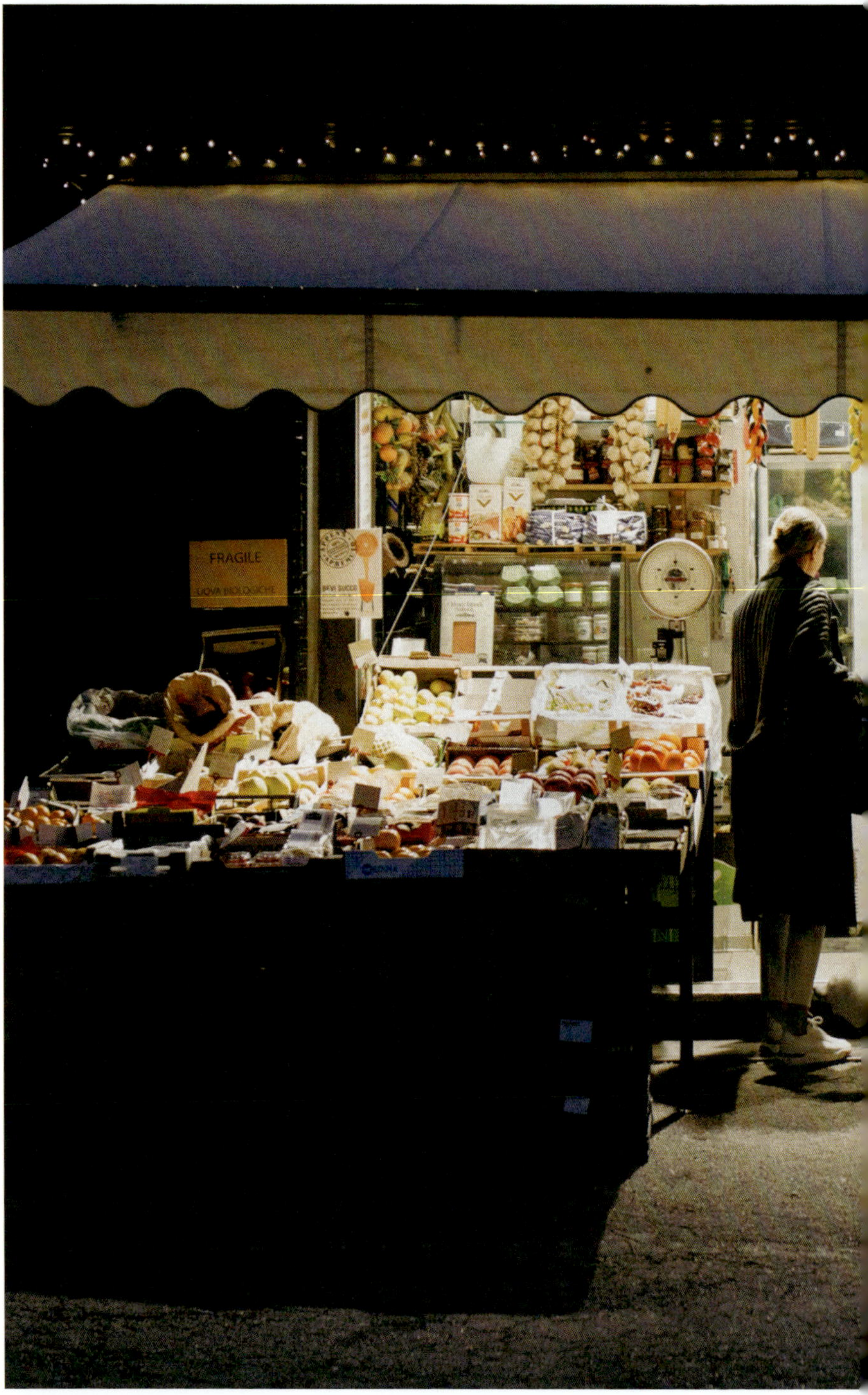
FRAGILE
UOVA BIOLOGICHE

il Verzeratt 1919

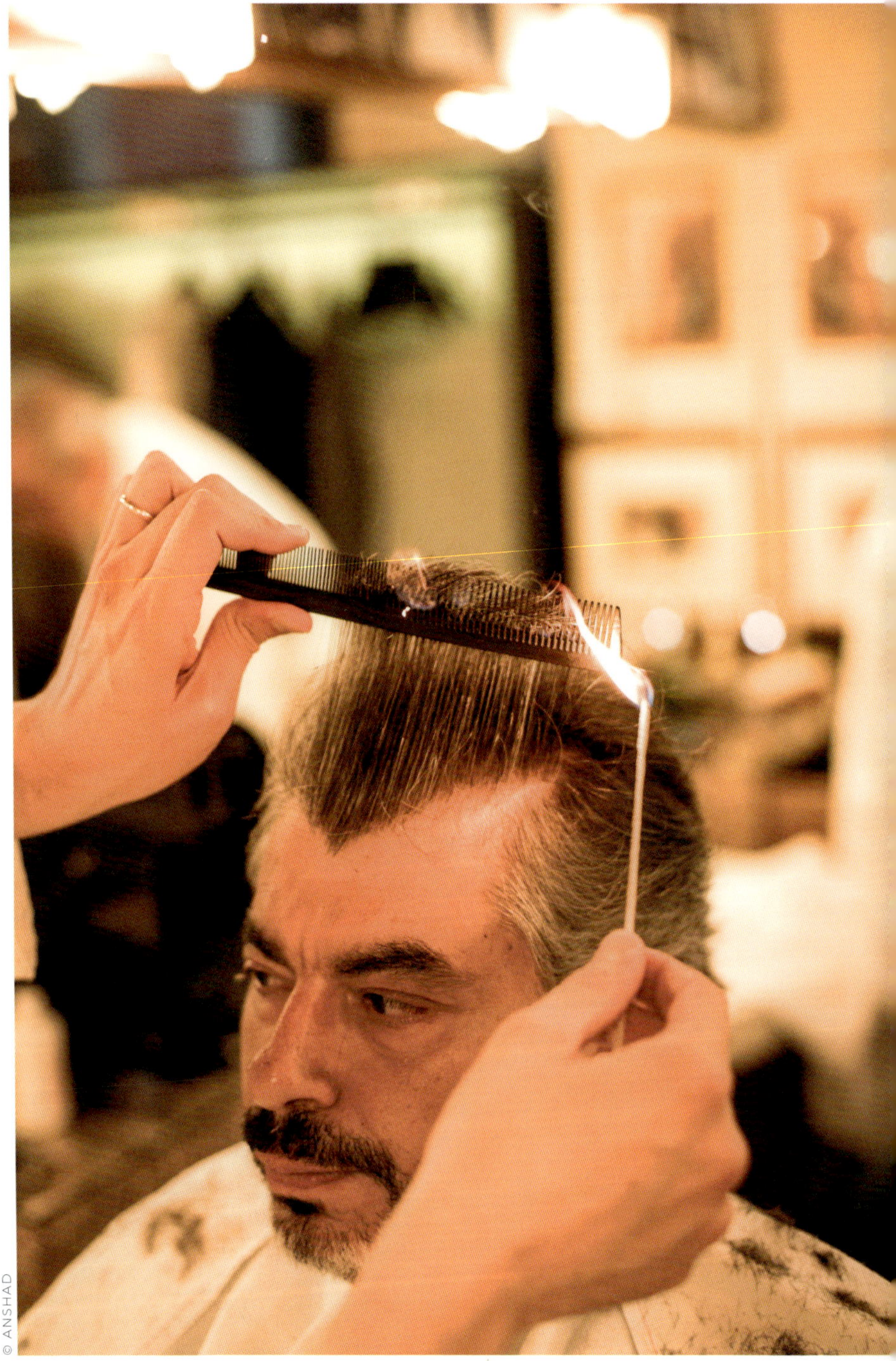

© ANSHAD

#11

QUEMARSE EL PELO
PARA HACERLO MÁS FUERTE

Fundada en 1904 en la via Manzoni, la Barbieria Colla se ha convertido con el tiempo, y tras una serie de mudanzas dentro de la ciudad, en un punto de referencia para los artistas y el público del Teatro alla Scala. En 1944 se mudó definitivamente al histórico local de la via Gerolamo Morone, 3, que ha permanecido inalterado desde entonces, con su mobiliario de época y sus productos diseñados íntegramente por la barbería.

Entre las técnicas más fascinantes para el cuidado de la barba, el bigote y el cabello, el corte con vela es un ritual espectacular a la antigua usanza que atrae a curiosos del mundo entero: tras un primer corte con tijeras y peine, la llama de una mecha toca con precisión las puntas recién cortadas. Según el barbero, el calor sella la queratina, fortaleciendo así la estructura del pelo.

Cada año, el protagonista es el día del estreno en La Scala: la Barbieria cobra vida cual escenario, recibiendo a actores, cantantes y aficionados en una efervescencia que rinde homenaje a su alma profundamente milanesa.

ANTICA BARBIERIA COLLA
VIA GEROLAMO MORONE, 3
20121 MILANO

+39 02 874 312 | Instagram: @anticabarbieriacolla | anticabarbieriacolla.com

50

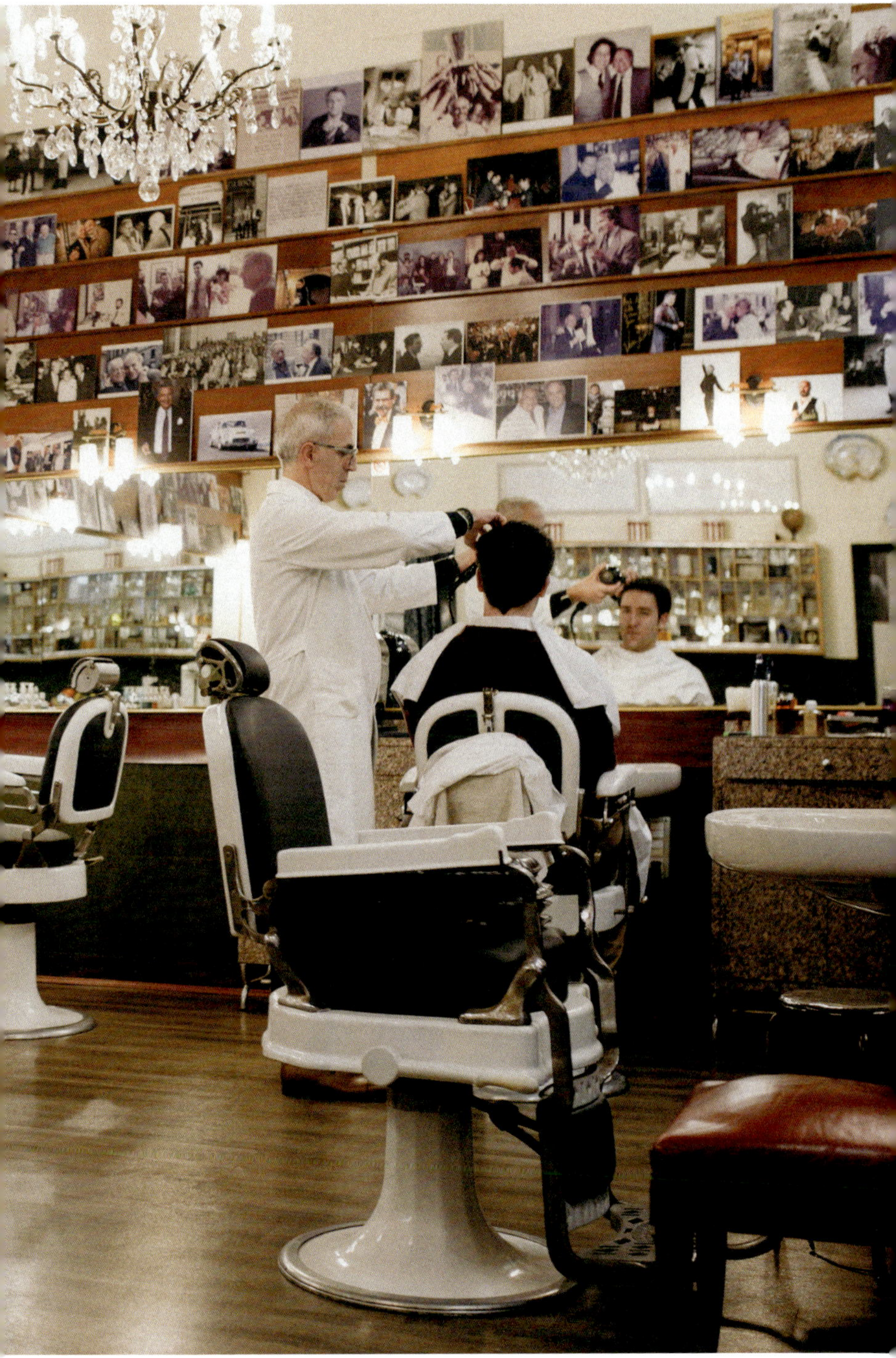

#12

UNA ARQUITECTURA EXCEPCIONAL
PARA EL ARTE ETRUSCO

En Corso Venezia, frente a los jardines Indro Montanelli, la Fundación Luigi Rovati es una joya única que reúne más de 250 obras de arte etrusco en una arquitectura subterránea excepcional, inspirada en las tumbas etruscas de Cerveteri.

Este tesoro cultural destaca por su extraordinario museo subterráneo, galardonado con el prestigioso Compasso d'Oro ADI 2024 en la categoría de «Diseño de exposición». Un premio muy poco habitual para un museo, pero sin duda perfecto para celebrar un espacio sinuoso y curvado que transforma la arqueología en una experiencia inmersiva y poética.

FONDAZIONE LUIGI ROVATI
CORSO VENEZIA, 52
20121 MILANO

fondazioneluigirovati.org
Instagram: @fondazioneluigirovati

Entrada gratuita el primer domingo del mes

© GIOVANNI DE SANDRE PER FONDAZIONE LUIGI ROVATI

© GIOVANNI DE SANDRE PER FONDAZIONE LUIGI ROVATI

53

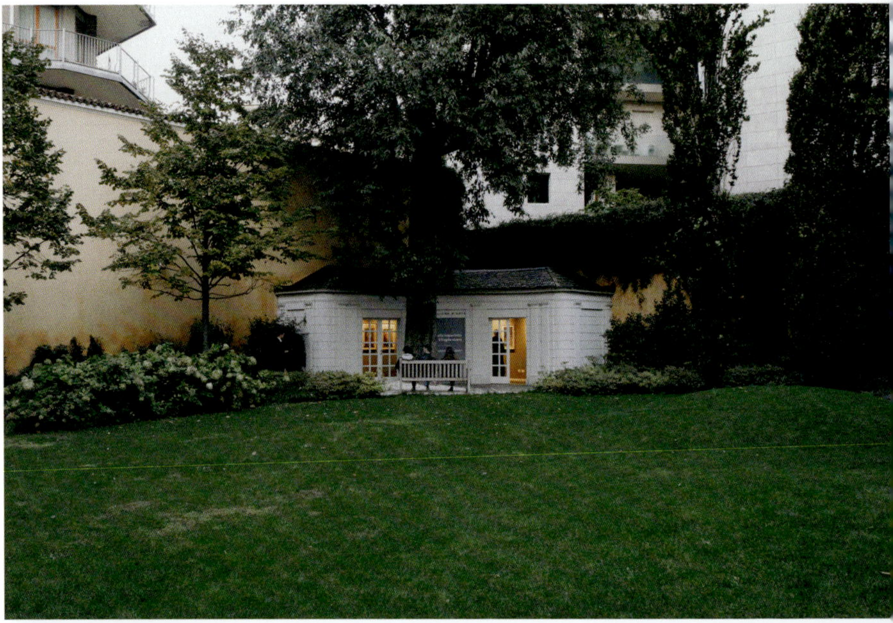

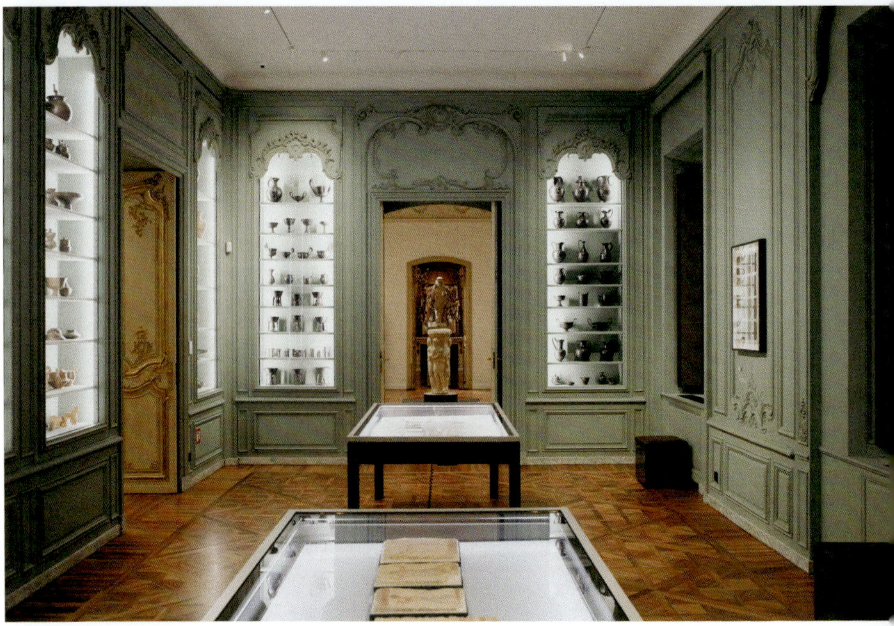

La protagonista es la colección etrusca: grandes vasos de *bucchero*, joyas de oro, urnas funerarias, bronces y piezas únicas guardadas en preciosas vitrinas triangulares que cuentan la historia de una de las civilizaciones más refinadas del mundo.

En el *piano nobile*, las *boiseries* y los espejos del siglo XVIII conviven armoniosamente con el arte contemporáneo.

El palacio también tiene un café-bistró con vistas al jardín, una librería de calidad y el restaurante gastronómico del chef con estrella Michelin Andrea Aprea.

FOTOS © TRIPPA MILANO

#13

¿LA MEJOR *TRATTORIA* DE LA CIUDAD?

Diseñada por Pietro Caroli y Diego Rossi, dos amigos de toda la vida, **Trippa Milano** es una de las *trattorias* más queridas y populares de Milán, donde la creatividad se funde con un ambiente informal que evoca las *trattorias* de antaño.

El menú del chef Diego varía cada día, reflejando la estacionalidad y la sostenibilidad que acompañan a los platos que se han convertido en símbolos de esta icónica *trattoria*: desde el *vitello tonnato*, reinterpretado en clave contemporánea con una suave salsa preparada al sifón, hasta las crujientes tripas fritas, sin olvidar los irresistibles *tagliatelle burro e parmigiano*.

Una *trattoria* con una identidad marcada que rinde homenaje a la cocina italiana, al ambiente acogedor y a una excelente selección de vinos. Trippa es una visita obligada para quienes buscan autenticidad. Es esencial reservar con mucha antelación.

TRIPPA MILANO
VIA GIORGIO VASARI, 1
20135 MILANO

+39 327 668 7908

trippamilano.it
Instagram: @trippamilano

TRIPPA MILANO

Si no consigues una reserva, parte de la familia de Trippa (Diego Rossi), junto con Josef Khattabi, de los restaurantes Kanpai y Frangente, y Enricomaria Porta, abrieron **Osteria alla Concorrenza**, en 2021. Aquí, en plena Via Melzo, una de las calles más cotizadas de la ciudad por su oferta gastronómica, puedes degustar pequeños y sabrosos platos para compartir, regados con excelentes vinos. Es un espacio pequeño y acogedor, con una capacidad máxima para 25 personas, donde estás rodeado de botellas de vino (más de 1500 etiquetas nada convencionales) y pisas un suelo de los años 1950. ¡Un flechazo!

OSTERIA ALLA CONCORRENZA
VIA MELZO, 12
20129 MILANO

+39 02 9167 2012

Instagram: @osteria_alla_concorrenza

#14

QUERRÁS DAR OTRA VUELTA
CUANDO LLEGUE EL MOMENTO DE IRSE

Es una *trattoria*, una pista de *boccia*, una escuela de baile, un mercado *vintage* ocasional, pero sobre todo, es una fiesta popular donde cada plato va acompañado de un paso de baile con tus compañeros de mesa. En La Balera dell'Ortica, no necesitas elegir, aquí puedes tenerlo todo, especialmente una velada fuera de lo común.

En verano, hasta octubre, el ambiente festivo se traslada al aire libre, bajo las estrellas, entre luces suspendidas y el olor de las barbacoas, mientras que en invierno todo sucede en el interior, junto a las pistas de *boccia*.

LA BALERA DELL'ORTICA
VIA GIOVANNI ANTONIO AMADEO, 78
20134 MILANO

+39 02 7012 8680

Instagram : @laballeradelortica

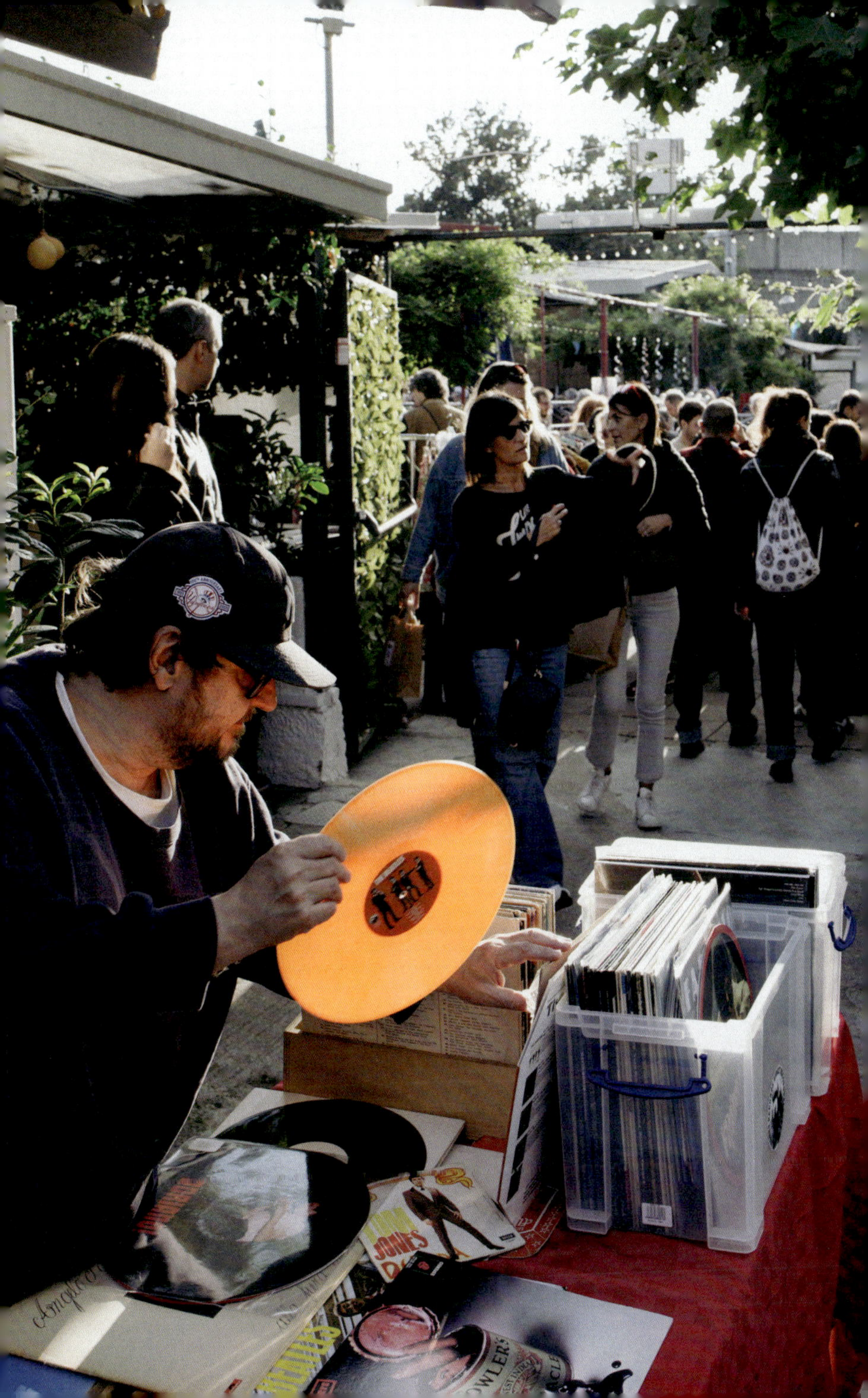
JONES

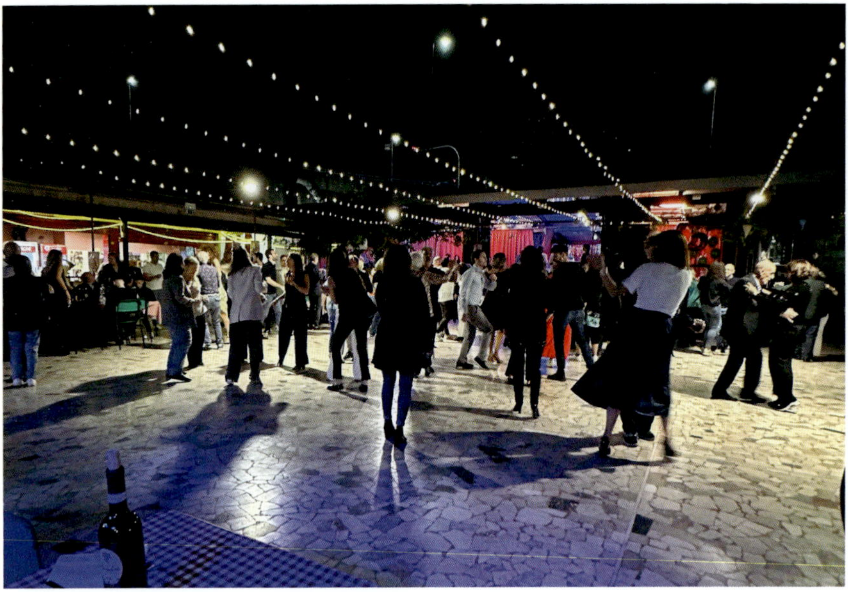

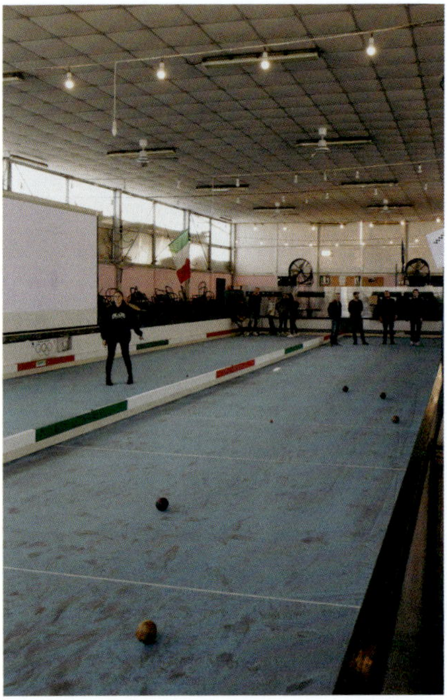

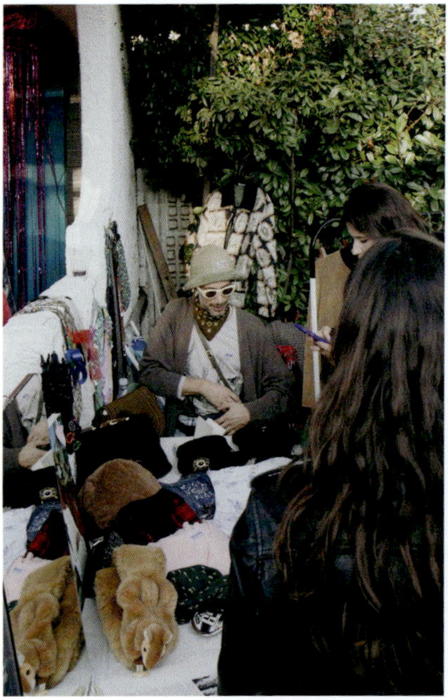

Creado en los años 1960 como un centro de ocio para los trabajadores ferroviarios, durante décadas fue el corazón palpitante de Ortica, un barrio auténtico y poco frecuentado por los turistas. Entre los manteles de cuadros rojos y blancos y las largas mesas, perfectas para disfrutar con amigos o en familia, se respira un aire de sencilla convivencia.

La cocina es un homenaje a los sabores familiares: lasaña casera, los legendarios *arrosticini* con patatas y el inimitable *spezzatino* de Mamma Rita; cada plato cuenta una historia de amor sincero. Después de cenar, ¿por qué no pruebas a jugar a la petanca en una de las dos pistas que tiene el restaurante? Las bolas están ahí mismo y la diversión está garantizada.

En La Balera, cada día es una fiesta: el programa de temporada incluye desde mercados *vintage* hasta noches de música en vivo, con *swing y rockabilly*. Si quieres hacerlo con estilo, los cursos de *boogie-woogie* y baile de salón te pondrán en sintonía.

A solo unos pasos, tienes Mazurka Vintage Shop, la tienda de las gemelas de La Balera. Date un salto para completar la experiencia comprando un atuendo retro perfecto para esta velada.

CLASES DE BAILE A LA BALERA	**MAZURKA VINTAGE SHOP VIA ORTICA, 3 20134 MILANO**
+39 339 582 4825	Instagram: @mazurka_vintageshop

64

#15

MÁS DE 35 000 LIBROS
EN UN SOLO LUGAR

Los libros no solo se leen: se viven, se escuchan, se tocan. Si por casualidad lo has olvidado, la Kasa dei Libri te lo recordará. No es ni una biblioteca ni una librería, sino más bien un refugio para mentes creativas.

Distribuida entre la quinta y sexta planta de un edificio moderno cerca del Bosco Verticale, esta acogedora e insólita casa es el resultado de la pasión de Andrea Kerbaker, escritor y coleccionista que, desde su infancia, ha creado una colección que hoy cuenta con más de 35 000 volúmenes. Los espacios, que antaño eran apartamentos privados familiares, son ahora un lugar mágico, acogedor y accesible para todos.

La quinta planta alberga el corazón de la colección: libros raros, algunos con más de 500 años de antigüedad, como un valioso Aldina de 1500 (uno de los primeros libros de bolsillo), libros extraños, volúmenes con dedicatorias y los misteriosos libros fantasma, obras retiradas de la circulación por considerarse incómodas. La disposición aparentemente aleatoria de los libros invita a perderse entre las estanterías y preguntarse «¿Cómo ha llegado este libro aquí?»

KASA DEI LIBRI
LARGO ALDO DE BENEDETTI, 4
20124 MILANO

+39 02 6698 9018 | kasadeilibri.it
Instagram: @kasadeilibri | Entrada gratuita

MILANO
MACBETH
Moby Dick
GREGORY PECK
LOLITA
ADDIO ALLE ARMI
la spia che
venne
dal freddo
RICHARD BURTON
CLAIRE BLOOM
OSKAR WERNER
ALFRED HITCHCOCK
mai fatto!

En la sexta planta, se organizan exposiciones temáticas que cambian regularmente con los libros de la colección, además de encuentros literarios, lecturas y talleres creativos para todas las edades. La visita es totalmente gratuita y sin necesidad de reserva: simplemente tocas el timbre, como si fueras a visitar a un viejo amigo, y dejas que los libros te reciban como a un invitado especial.

Como en cualquier casa que se precie, te sentirás bienvenido: aquí el anfitrión no es una persona, sino los propios libros, que tienen muchas más historias que contar que un pariente lejano.

 # 16

LA NOCHE
MILANESA

Es una institución, un lugar icónico de la vida nocturna milanesa que, a lo largo de sus más de cuarenta años de existencia, ha adquirido una aura casi mitológica. Fundada el 23 de diciembre de 1980 en viale Umbria, 120, Plastic se ganó en los años 1990 la reputación de ser «la discoteca más europea de Italia», gracias a la visionaria selección musical de Nicola Guiducci, su DJ histórico y alma sonora.

La estricta selección en la entrada permitió que el club se convirtiera en un lugar de referencia vanguardista, atrayendo a personalidades icónicas de la cultura internacional; pero, afortunadamente, desde hace dos o tres años, ya no es tan

PLASTIC CLUB
VIA GARGANO, 15
20139 MILANO

Instagram: @clubplasticmilano

ARCHIVIO PLASTIC

difícil entrar. En los años 1980, Andy Warhol era un asiduo del club, al igual que Keith Haring, que, en 1984, escribió en su diario: «Plastic es mi club favorito de Europa. Nicola [Guiducci] pone una música que me hace sentir como si estuviera en Nueva York». Esta combinación de arte, moda y música sigue siendo una de las señas de identidad de Plastic, frecuentado por diseñadores, estilistas y artistas emergentes.

Hoy, Plastic ha cambiado de lugar y se ha trasladado a via Gargano, cerca de la Fondazione Prada. El ambiente de su nueva ubicación intenta recrear la esencia única del club original, a veces melancólica, pero sin perder su identidad atrevida.

El mito del *Killer Plastico* (como lo llaman los locales) sigue intacto, con una comunidad de asiduos que mezcla caras históricas y nuevas generaciones. Plastic no es solo un lugar para bailar, es una parte de la historia de la vida nocturna milanesa. Un laboratorio cultural que renace cada fin de semana.

OTROS TEMPLOS IMPRESCINDIBLES DE LA NOCHE MILANESA

> **Apollo Club:** Elegancia y ambiente *cool* para cenar, tomar una copa y acabar la noche en la pista de baile con barras de *pole dance* y una bola de discoteca gigantesca.
Via Giosuè Borsi, 9/2 - 20143 Milano

> **Arca Milano:** Este local de diseño vanguardista ofrece una programación que suele empezar a la hora de comer y acabar bien entrada la noche.
Via Rimini, 38 - 20142 Milano

> **Buka:** No tiene dirección, ni horario, ni programa fijo, lo único seguro en Buka es la música electrónica experimental, las performances y las instalaciones. Solo tienes que estar en Milán en el momento adecuado.
buka.xyz

> **Detune:** Una interesante novedad que renace de las cenizas del histórico Atomic Bar. Como dicen en su Instagram, un club de *hi-fi* con recuerdos *lo-fi*. ¡Merece la pena probarlo!
Via Felice Casati, 24 - 20124 Milano

> **Masada**: Una mezcla entre un club y una galería de arte. Fiestas diurnas que rompen las reglas de la vida nocturna milanesa.
Viale Carlo Espinasse, 41 - 20156 Milano

> **Santeria** (Toscana, 31): Bar, restaurante, sala de conciertos y club. Todo en uno, nunca decepciona.
Viale Toscana, 31 - 20136 Milano

> **Q Club:** Ambiente de club berlinés. Perfecto para quienes buscan una noche alternativa y poco convencional.
Via Padova, 21 - 20127 Milano

> **Rocket:** Club histórico donde la gente solía ir a descubrir las bandas *indie* del momento. En su ubicación actual, en el barrio de Navigli, ofrece un fin de semana de baile que va del *hip-hop* futurista al *tecno*.
Alzaia Naviglio Grande, 98 - 20141 Milano

ARCA MILANO
© ARCA MILANO

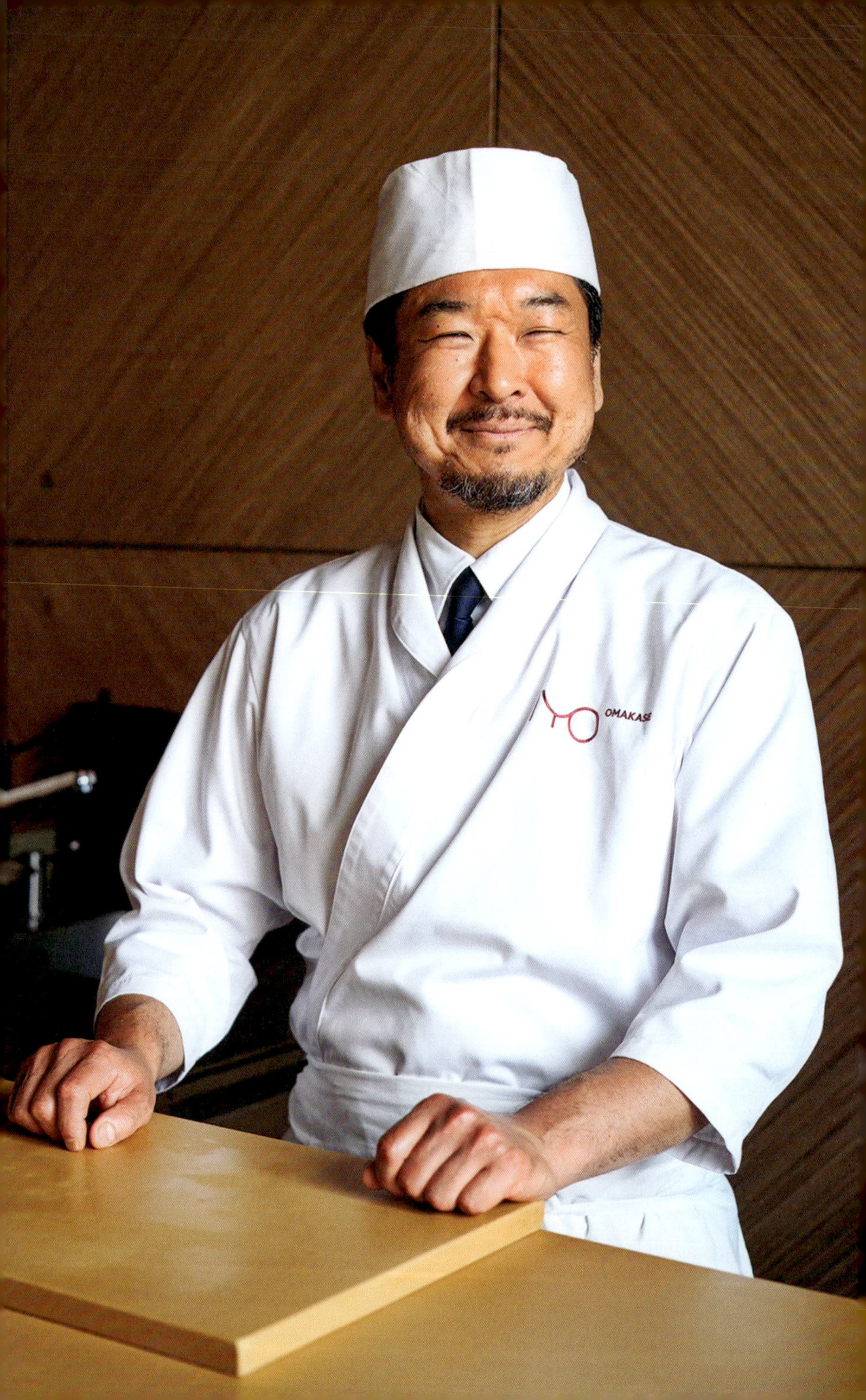
OMAKASE

#17

UNA EXPERIENCIA ÚNICA,
ÍNTIMA
Y EXTRAORDINARIA

Entre las joyas gastronómicas de Milán, IYO Omakase destaca como una experiencia extraordinaria. Nacido hace seis años como una extensión de IYO, el primer restaurante japonés en Italia que ganó una estrella Michelin (y que mantiene desde 2015), IYO Omakase rinde homenaje a la antigua tradición del *omakase*, que significa literalmente «lo dejo en tus manos».

IYO OMAKASE
PIAZZA ALVAR AALTO / VIALE DELLA LIBERAZIONE, 15
20124 MILANO

+39 02 2506 2828 | Instagram: @iyo.omakase | iyo-omakase.com

Siete asientos en la barra, frente al maestro de *sushi* Masashi Suzuki, quien, con una técnica impecable, prepara cada bocado en el momento y lo sirve directamente en las manos de los comensales. No hay menú, solo confianza: cada plato es único y cambia diariamente con los mejores ingredientes disponibles.

Incluso los detalles más pequeños fascinan, como los platos que revelan el monte Fuji cuando echas la salsa de soja, siempre sorprenden y contribuyen a la sensación de asombro que sentirás.

75

#18

COMIDA CALLEJERA
A LA MILANESA

Sí, en Milán se come bien, desde luego. Y no solo en los restaurantes. Aquí te dejamos tres sitios imprescindibles de comida callejera que no puedes perderte.

> **Giannasi 1967**

Todos los sábados, la cola en Giannasi, el rey del pollo asado al espeto desde 1967 y famoso por sus colores verde, blanco y rojo, forma parte del ritual de un fin de semana milanés auténtico. Desde hace generaciones, los milaneses vienen aquí a comprar el pollo asado para disfrutarlo en casa o en un picnic en uno de los parques de la ciudad.

No te pierdas tampoco los *Giannuggets*.

GIANNASI 1967
PIAZZA B. BUOZZI, 2
20135 MILANO

+39 320 857 6881

giannasi1967.com
Instagram: @giannasi1967

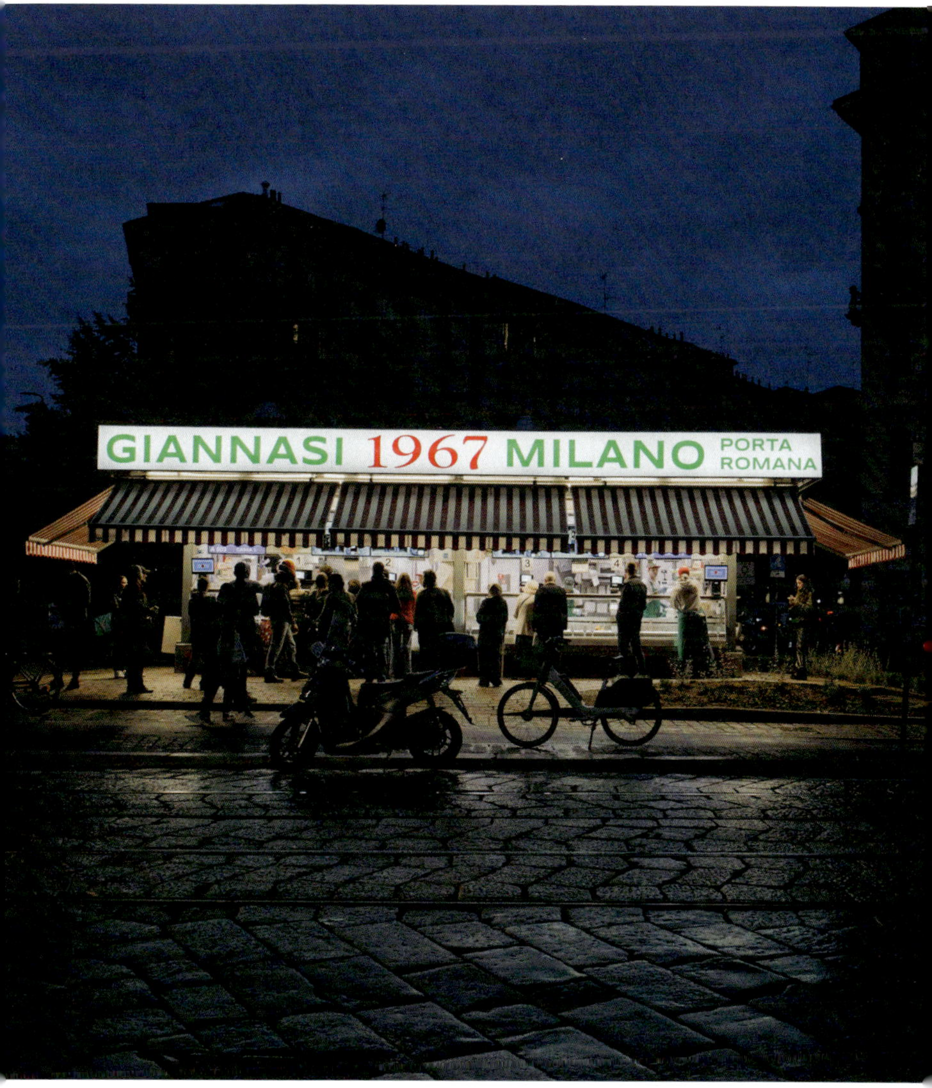
GIANNASI 1967 MILANO
PORTA
ROMANA

> **Macelleria Popolare (Darsena)**

Entre especias del mundo entero y los puestos étnicos, la Darsena esconde una maravillosa carnicería un poco fuera de lo común. En Macelleria Popolare no hay carniceros, sino cocineros: el bocadillo de pastrami, el tuétano a la parrilla y las albóndigas de la abuela (*polpette della nonna*) son los superventas indiscutibles, que puedes degustar de pie en el mostrador o sentado frente a la Darsena cuando hace buen tiempo.

Aquí, por supuesto, solo encontrarás carnes ecológicas de gallinas criadas en libertad, que cocinan delante de ti con mucho esmero.

No te pierdas su deliciosísimo tiramisú que preparan únicamente bajo pedido.

MACELLERIA POPOLARE (DARSENA)
PIAZZA VENTIQUATTRO MAGGIO, 4
20123 MILANO

+39 02 3946 8368

> **Chiosco Maradona**

Único en su género, el Chiosco Maradona, en via Tabacchi, es el lugar de referencia de la vida nocturna milanesa para comer algo antes de irte a dormir: no cierra hasta que no se hayan ido todos a casa. Aquí podrás disfrutar de la carne de caballo (aunque no solo), *paninis* y raciones gigantes de patatas fritas.

Acuérdate de probar el *panini* Magnifico, con ragú de caballo, beicon, cebolla, queso *scamorza* y su salsa especial secreta.

Si sales hasta tarde en Milán, lo más probable es que acabes en el Chiosco Maradona. No oses cuestionarlo, es así. Es tradición, y las tradiciones se respetan.

CHIOSCO MARADONA
VIA ODOARDO TABACCHI, 33
20136 MILANO

Todos los días a partir de las 21:30 h
(hasta que haya gente)

+39 02 3946 8368

chioscomaradona.it
Instagram: @chiosco.maradona

© GIUSEPPE MACOR

#19

UN RESTAURANTE DONDE PUEDES MEDITAR **EN EL SÓTANO DE UN TEMPLO SECRETO**

Restaurante, templo y centro cultural, Hare Krishna - Govinda es un lugar desconocido incluso para muchos milaneses. Es más que un restaurante: es un refugio donde redescubrir una forma de comer plenamente consciente.

El verdadero tesoro secreto de este lugar se esconde en el sótano: un templo gestionado por los Hare Krishna, abierto a todos aquellos que quieran detenerse a meditar o a practicar yoga.

En la planta baja, la comida, de tradición india, sigue los principios de la alimentación sátvica, sin carne, ni pescado, ni huevos, ni ajo ni cebolla (ni alcohol), con el propósito de purificar el cuerpo y la mente. Los platos siguen un ritual preciso antes de ser servidos y, según dicen, cada comensal termina comiendo justo lo que más necesita, sin ni siquiera darse cuenta.

Más allá de ser uno de los mejores restaurantes vegetarianos de Milán, Govinda es una auténtica experiencia espiritual.

GOVINDA
VIA VALPETROSA, 5
20123 MILANO

+39 02 4941 2043

Instagram: @govinda_milano
@govinda_centro_culturale

#20

VISITA UNA DE LAS BIBLIOTECAS **MÁS BONITAS DEL MUNDO**

Fundada en 1770 por María Teresa de Austria, la Biblioteca Nacional Braidense (o de Brera) es la tercera biblioteca pública más importante de Italia, después de las de Roma y Florencia, y una de las más bonitas del mundo.

Alberga más de 1,5 millones de volúmenes, entre ellos, manuscritos, incunables y documentos valiosos, como las diferentes versiones autógrafas de *Los novios* (*I promessi sposi*) de Manzoni, las primeras ediciones de textos de Foscolo e incluso un escritorio que perteneció al escritor.

BIBLIOTECA NAZIONALE BRAIDENSE
VIA BRERA, 28
20121 MILANO

+39 02 7226 3401

bibliotecabraidense.org
Instagram: @braidense.biblioteca

BIBLIOTECA LITURGICA
DEI DUCHI DI PARMA
SALA "LILIANA GERLI"

La excelente visita guiada que ofrecen te hará descubrir las distintas salas: las más bonitas e impresionantes son la sala Maria Teresa (también accesible desde el Museo de Brera cuando hay exposiciones), la sala de lectura (a la que se accede previa inscripción con el documento de identidad o el pasaporte)

y la sala de catálogos (*sala cataloghi*). La biblioteca también tiene una sala de consulta (más moderna), la pequeña sala Manzoniana (para los manuscritos), así como el estudio de Umberto Eco.

#21

LAS MEJORES COCTELERÍAS
DE MILÁN

¿Cómo elegir una coctelería de calidad entre los innumerables bares que tiene Milán? Aquí te dejamos una excelente selección de tres lugares muy diferentes.

> 1930

Fue el primer *speakeasy* de Milán y abrió en hace 10 años; solo podías entrar si conocías la contraseña y la dirección secreta. Ahora, situado en via de Amicis, bajo el Mag Pusterla, 1930 sigue siendo una de las mejores coctelerías de Italia, e incluso del mundo, según algunos.

En dos pequeñas salas de estilo sesentero, iluminadas con luces tenues y ambientadas con la nostálgica música de una vieja gramola, la carta de cócteles, muy creativa, te sorprenderá seguramente.

Cómo acceder: entra en el precioso bar Pusterla y di que vienes al 1930. Mientras te tomas una copa, tal vez te muestren la entrada secreta. Si no, quédate en el Pusterla, que tampoco está nada mal.

1930
VIA EDMONDO DE AMICIS, 22
20123 MILANO

Instagram: @1930cocktailbar

© BBQ CREATIVE AGENCY

87

© MARCO MANTA

> **Lom Dopolavoro**

Ubicado en una antigua granja de 1820, cerca del Cementerio Monumental, Lom Dopolavoro tiene una coctelería, y además ofrece comida vegetariana y vegana con un enfoque antidesperdicio, en un ambiente en el que sientes que estás lejos del bullicio de la ciudad.

LOM DOPOLAVORO
VIA GALILEO FERRARIS, 1
20154 MILANO

+39 327 069 8267

lomdopolavoro.com
Instagram: @lomdopolavoro

© JULIE COUDER

> Mœbius

Bautizado con el nombre del célebre ilustrador francés Moebius, esta coctelería de moda combina música jazz en vivo, una tienda de vinilos y dos restaurantes, uno de ellos con estrella Michelin. No te pierda el Pesto Martini, una reinterpretación del clásico Martini con vodka Altamura, vinagre balsámico blanco y pesto casero. Uno de los imprescindibles.

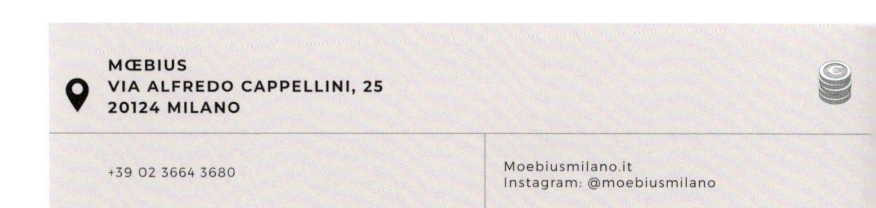

MŒBIUS
VIA ALFREDO CAPPELLINI, 25
20124 MILANO

+39 02 3664 3680

Moebiusmilano.it
Instagram: @moebiusmilano

© JULIE COUDER

MŒBIUS

#22

PASAR UN DÍA EN LOS NAVIGLI
COMO UN MILANÉS

Los Navigli es uno de los barrios más animados de Milán: joven, de moda y alternativo. Te dejamos algunos lugares clave para pasar un día perfecto evitando las hordas de turistas.

Empieza el día recorriendo las tiendas *vintage* que pueblan el barrio: **Ambroeus Milano** para encontrar piezas atemporales (también tiene otra encantadora tienda en el barrio de Isola), **PWC Milano**, que mezcla prendas del pasado con colecciones de jóvenes diseñadores emergentes, y por último, **Groupies**, un poco más alejado del centro, pero perfecta para los cazadores de tesoros *vintage* del mundo entero.

Para comer, **Brutto Anatroccolo** es un restaurante histórico y sin pretensiones donde el tiempo parece haberse detenido y el menú se escribe a mano. Es el lugar ideal para disfrutar de la cocina casera milanesa a un precio razonable. No te puedes perder la megarración de *scamorza* a la parrilla y el *arrostino*, cuando tienen. Un lugar fuera de lo común y auténtico.

TIENDAS VINTAGE

Instagram:
@ambroeus.milano
@pwcmilano
@groupiesvintage

BRUTTO ANATROCCOLO
VIA EVANGELISTA TORRICELLI, 3
20136 MILANO

+39 02 832 2222

BRUTTO ANATROCCOLO

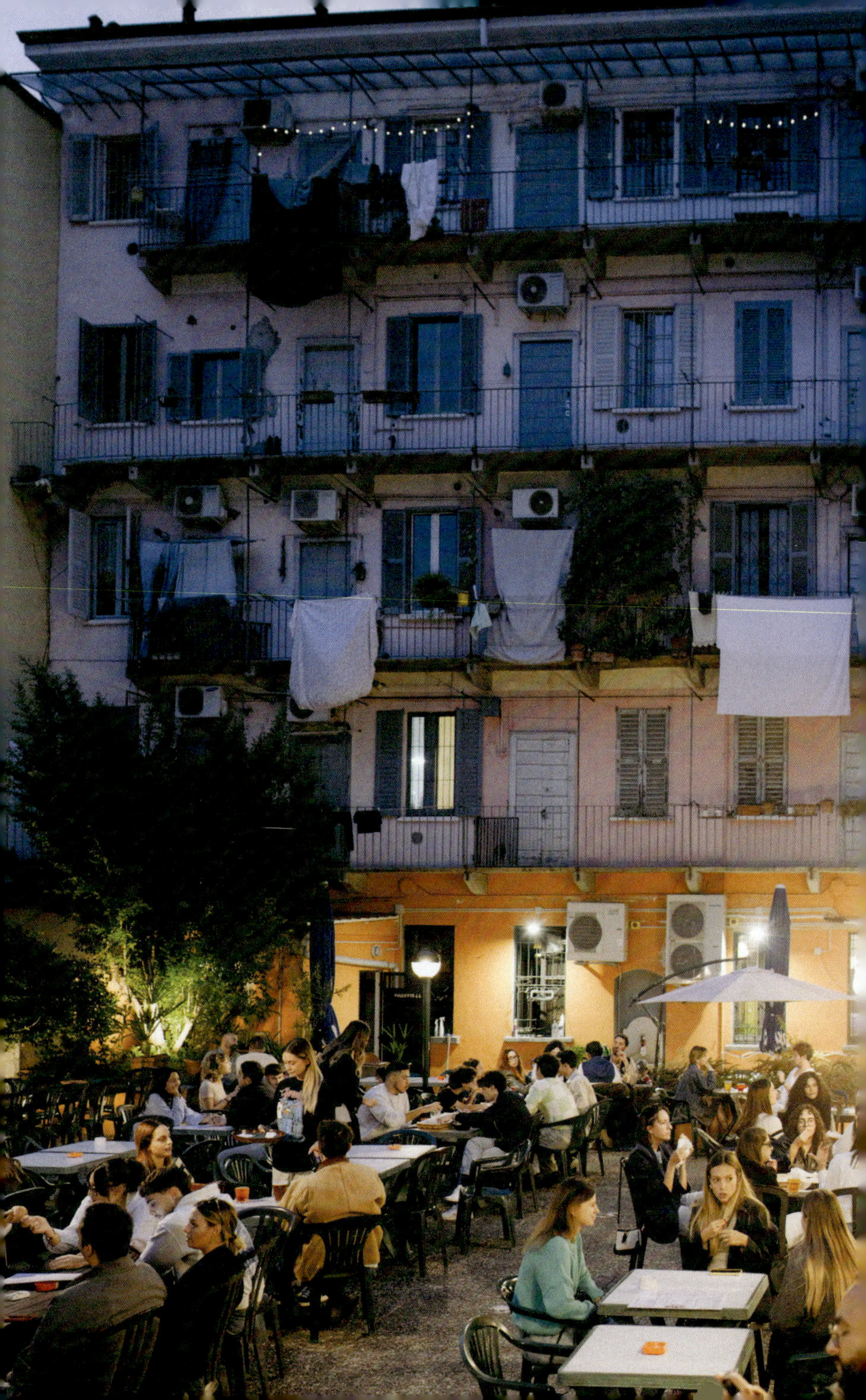

Desde 1982, **Frizzi e Lazzi** es un bar cuyo gran patio interior (no se ve desde la calle) está rodeado de edificios con balcones típicos del viejo Milán. Ofrecen diferentes bocadillos (el Cosacco es el favorito de los clientes habituales), cervezas de barril y pantallas gigantes para las tardes de fútbol.

Para cenar, la **Osteria Conchetta** es toda una institución en el barrio. Los risottos están espectaculares, en especial el Riserva mantecato, que preparan delante de ti. Acompañarlo con una milanesa «oreja de elefante» de la marca Conchetta es casi una tradición. Ideal para compartir porque las raciones son enormes.

FRIZZI E LAZZI
VIA EVANGELISTA
TORRICELLI, 5
20136 MILANO

+39 02 837 8228
Instagram: @frizzielazzimilano

OSTERIA CONCHETTA
VIA CONCHETTA, 8
20136 MILANO

+39 02 8372 917
osteriaconchetta.it

© USIA.IT

Después de cenar, ya sean las 6 de la tarde o las 11 de la noche, ir a **Cox18** es entrar en un espacio social okupado y autogestionado desde 1976, un lugar sin etiquetas porque no les gustan. Creativo, artístico, revolucionario, te vas a enamorar de este sitio porque siempre tiene un evento cultural curioso y sirve una de las cervezas más baratas de Milán. Su fachada tiene una de las pocas obras milanesas de Blu, quizá el mejor artista de arte callejero italiano que, como Banksy, nunca ha revelado su identidad.

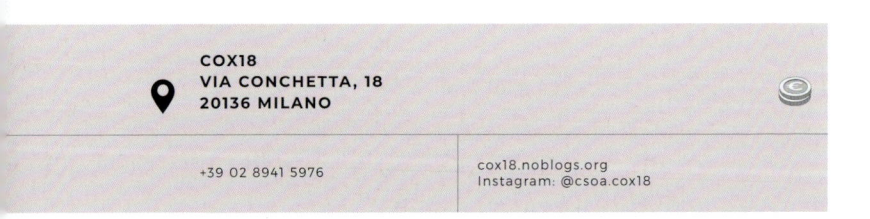

COX18
VIA CONCHETTA, 18
20136 MILANO

+39 02 8941 5976

cox18.noblogs.org
Instagram: @csoa.cox18

I NAVIGLI

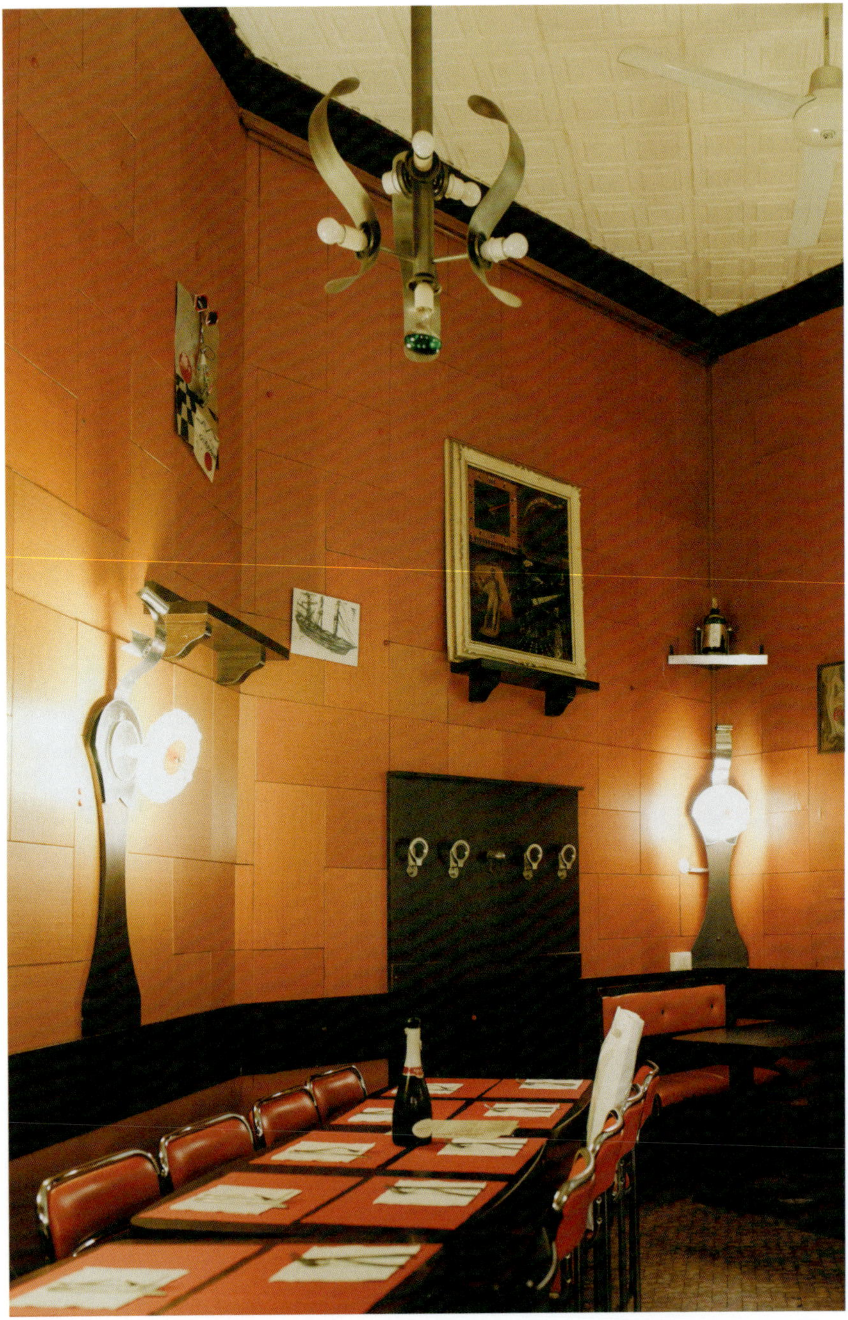

#23

UNA PIZZERÍA GENIAL
ANCLADA EN LOS AÑOS 70

Inaugurada en la década de 1970, la Pizzería Oceania es un lugar único en Milán: decoración *vintage* original de los 70 (en la sala del fondo), música experimental ambiental y pizzas cocinadas en la sartén...

Súmale a esto un pizzero / dueño pelirrojo genial que te hablará con entusiasmo de las instalaciones artísticas que su padre imaginó cuando fundó el local (y de las que aún quedan algunos vestigios), y entenderás que hay un poco de alma de otro Milán aquí, al este del centro.

No te pierdas las patatas fritas con jengibre y miel ni las noches *goulash* (podrás saber el calendario sobornando al dueño).

Un lugar imprescindible si te gustan los ambientes un poco alternativos y auténticos.

PIZZERIA OCEANIA
VIA GIOVANNI BRIOSI, 10
20133 MILANO

+39 349 234 2347

ESCUCHAR UN CONCIERTO IMPROVISADO
EN UNA LIBRERÍA

Escondida en un sótano de via Vettabbia, la librería Birdland es mucho más que una librería: en la sala abierta a todos, puedes ver con frecuencia clientes tocando el piano mientras otros los acompañan cantando. Algunos prueban una partitura rara que han encontrado en las estanterías, mientras que otros simplemente ofrecen un pequeño concierto improvisado.

La idea de abrir una librería completamente dedicada al jazz nació en Nueva York, sede del legendario club de jazz dedicado a Charlie Parker, del que heredó su nombre.

Hoy, entre las estanterías repletas de libros, el ladrillo visto de estilo neoyorquino, la iluminación tenue y los suelos de madera que crujen, Birdland se ha extendido al rock, el *blues*, el pop, la música clásica y la ópera, con más de 3000 títulos que incluyen partituras imposibles de encontrar y libros descatalogados.

LIBRERIA BIRDLAND
VIA VETTABBIA, 9
20122 MILANO

+39 02 5831 0856

birdlandjazz.it
Instagram: @libreriabirdland

101

M
CAIROLI
Castello

LINER
RBON
JOURS RAISON
SUPE
LA QUALITÉ A TOU

REMEMBER:

… #25

UN *UNDERGROUND* REALMENTE SUBTERRÁNEO

Situado en el pasaje subterráneo de la parada de metro Cairoli M1, LINEA es un centro creativo *underground*, un espacio de encuentro, un cruce de ideas, sonidos y personas, y una filosofía más que una estética.

Entre las transmisiones en directo de Booth Radio, las conferencias culturales y las instalaciones artísticas, la gente suele llegar a LINEA de casualidad o por el boca a boca, y uno acaba quedándose porque siempre sucede algo inesperado.

También es una tienda independiente, perfecta para comprar camisetas, carteles, libros y vinilos, y llevarse a casa un fragmento de Milán que no tiene nada de lineal.

LINEA
PASAJE SUBTERRÁNEO
PARADA DE METRO CAIROLI

linea.media

Instagram: @linea_milano

#26

UN RESTAURANTE QUE RESISTE **EL PASO DEL TIEMPO**

Hay lugares que parecen resistir a todo: las modas, las redes sociales y el paso del tiempo. Blitz es uno de esos sitios.

Y luego está Antonello, alias *Nello*, el alma del Blitz. Nunca ha tenido teléfono ni cuenta de Instagram, pero todo el mundo sabe dónde encontrarle. Recita el menú de memoria, sin listas ni notas escritas. Si escuchas atentamente, es como una obra de teatro; si te distraes, corres el riesgo de que te escape una joya culinaria.

Todas las fotos que cuelgan de las paredes las ha sacado él: retratos de caras famosos de la *jet set* italiana e internacional que aquí se sienten como en casa, entre un plato y una charla.

No dejes de pedir: la sopa de cebolla, el paté y los caracoles, grandes clásicos de la carta.

Dan cenas hasta la una de la madrugada y luego te puedes quedar en la barra, con un vaso de licor de mirto, mientras Nello lava las tazas y deja todo listo para el día siguiente. Blitz es su casa y la de todos aquellos que saben apreciar la autenticidad de las cosas sencillas.

BLITZ
VIA CENISIO, 9
20154 MILANO

+39 02 312 388

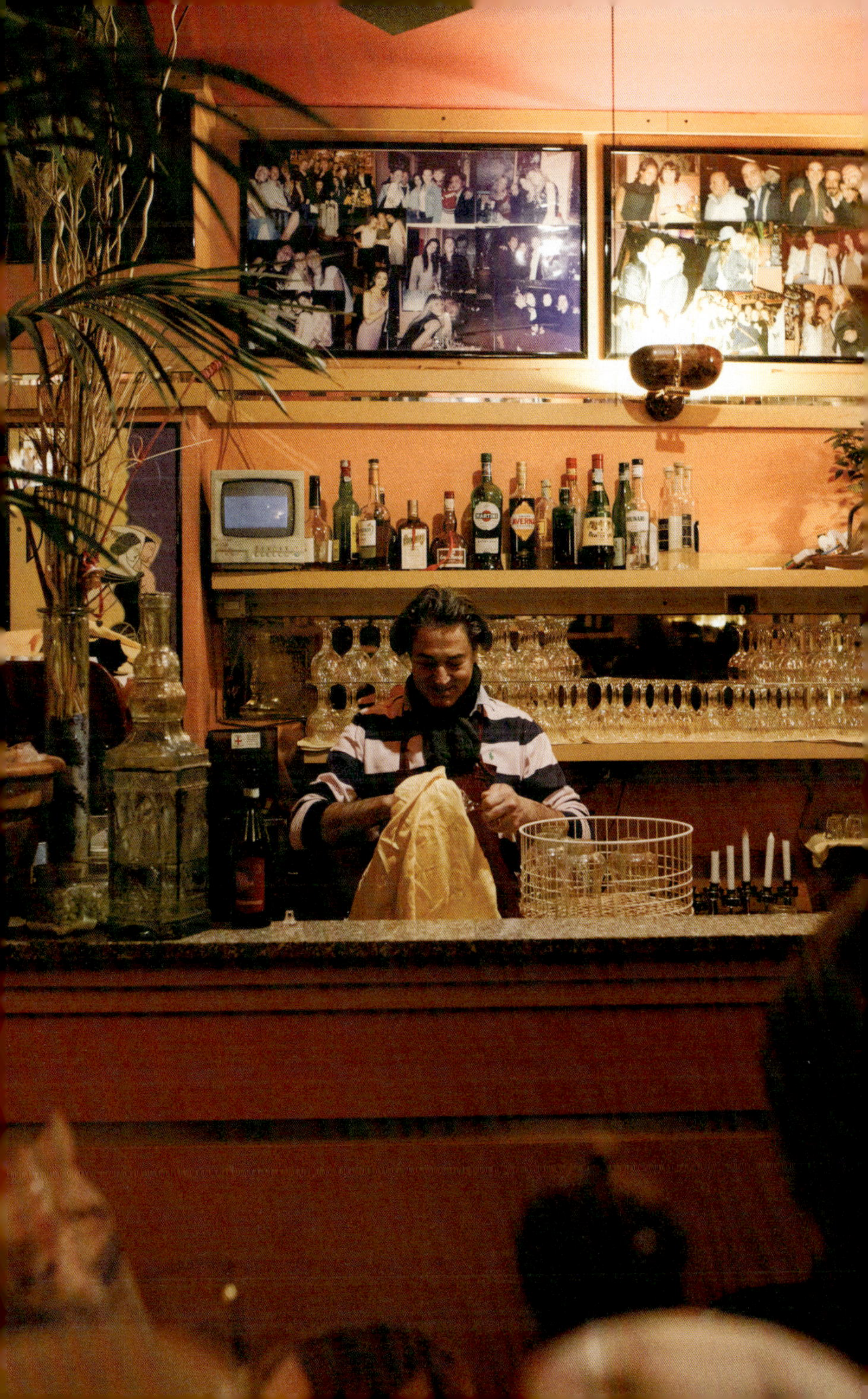
MARTINI

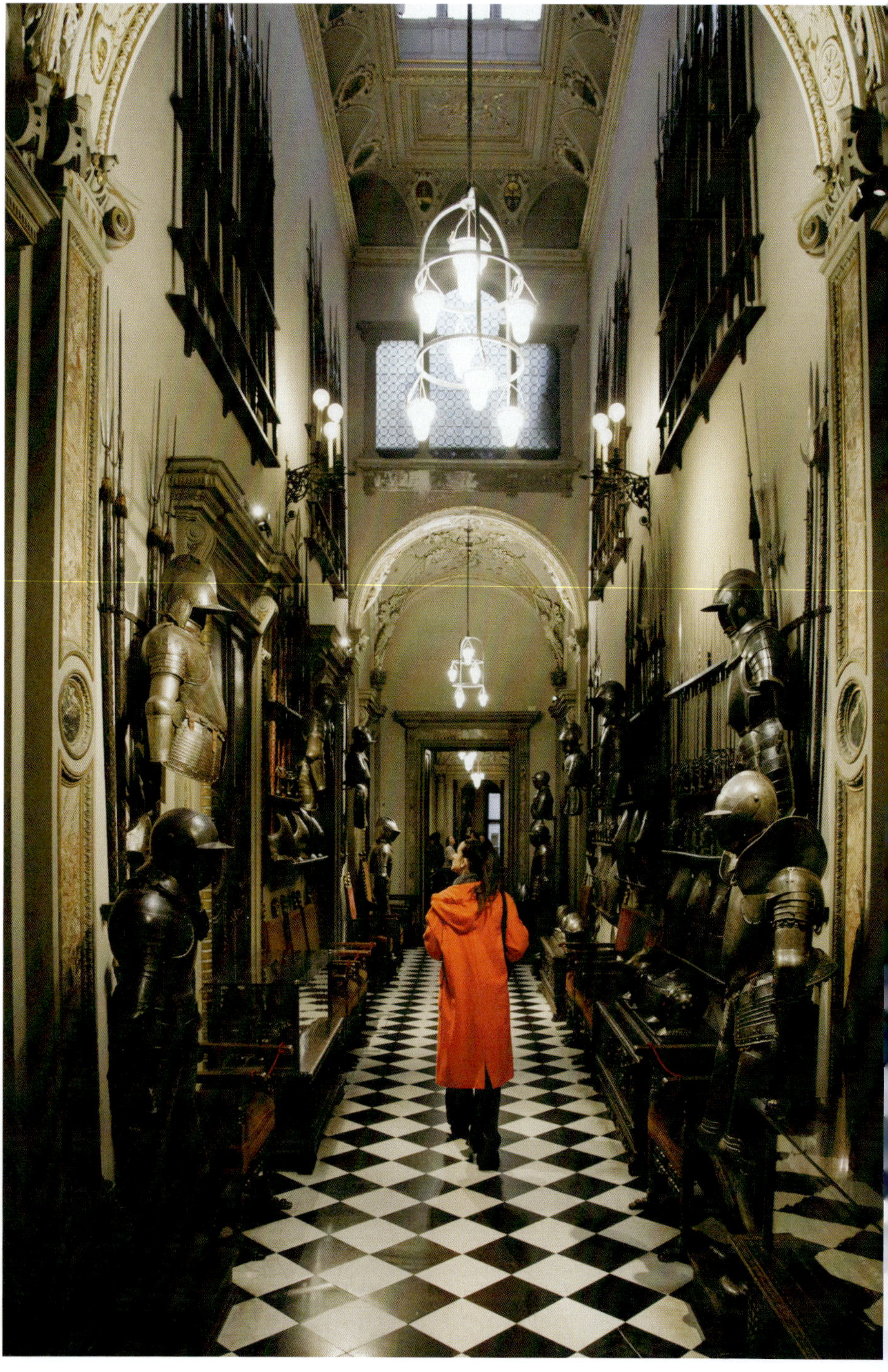

#27

VISITA UN MUSEO EXCEPCIONAL, **SIN MULTITUDES**

¿Te apasiona el arte, pero no te apetece caminar entre la multitud de turistas para ver una obra maestra en el Museo de Brera? Bienvenido al Museo Bagatti Valsecchi, probablemente el museo más fascinante de Milán.

Inaugurado en 1994 (los herederos vivieron en la casa hasta 1974), el museo debe su existencia a los hermanos Fausto y Giuseppe Bagatti Valsecchi, quienes, a finales del siglo XIX, coleccionaron de manera casi obsesiva obras maestras italianas de los siglos XIV al XVII (pinturas, muebles, tapices, instrumentos científicos, cráneos, globos terráqueos, etc.) y transformaron su casa de via Gesù en un auténtico palacio del Renacimiento italiano.

Una joya que no te puedes perder y que probablemente visitarás sin aguantar las habituales multitudes de turistas. Una delicia.

MUSEO BAGATTI VALSECCHI
VIA GESÙ, 5
20121 MILANO

+39 02 7600 6132

museobagattivalsecchi.org
Instagram: @museobagattivalsecchi

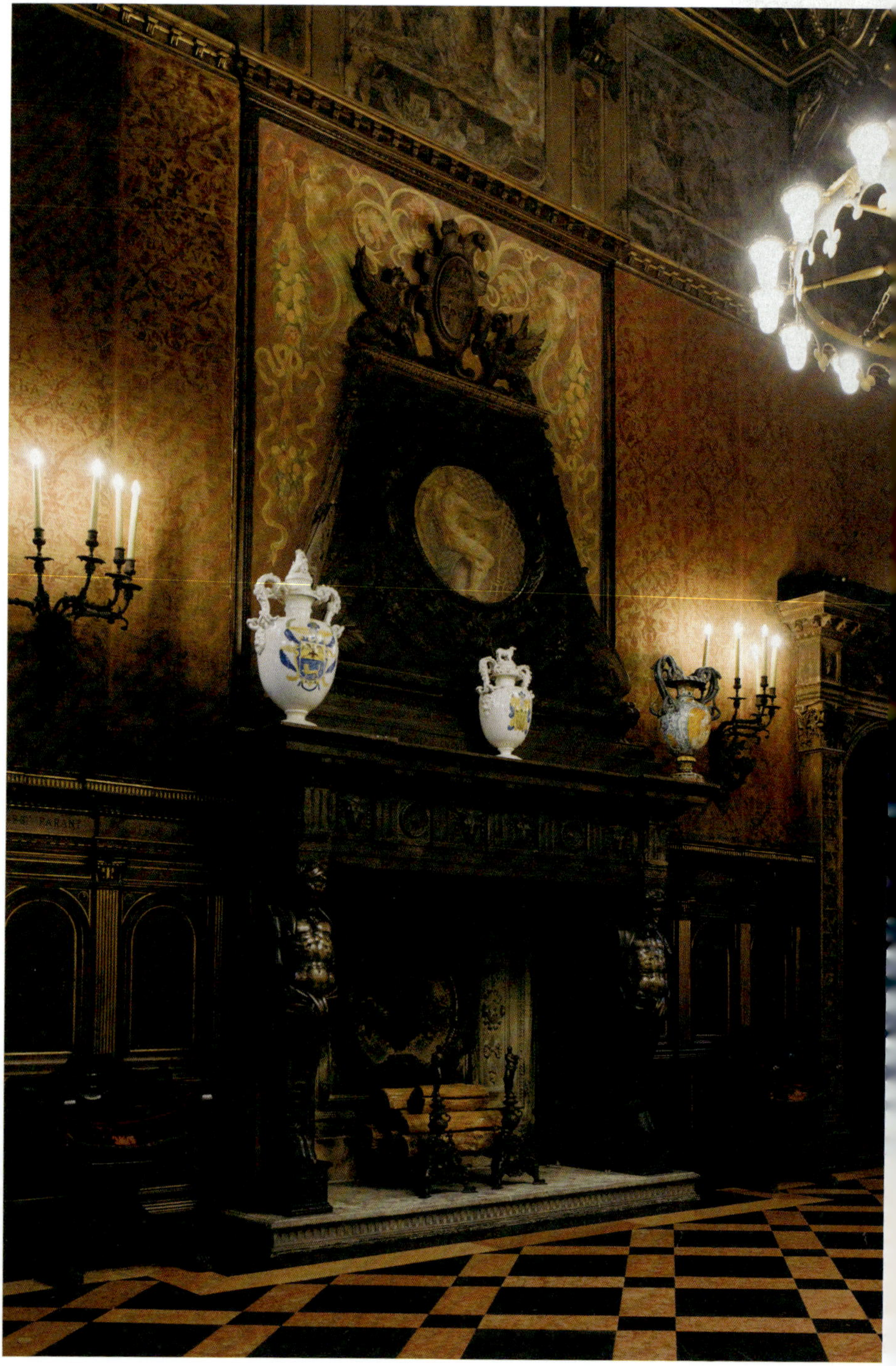

109

#28

LA COCINA MILANESA
DE ANTAÑO

El risotto, el osobuco, la milanesa (*cotoletta* en Milán): para descubrir o redescubrir los clásicos de la cocina milanesa, aquí te dejamos dos restaurantes históricos donde los preparan a la perfección. ¡Incluso lograrán que les encante a los que nunca han sido muy fanáticos de la milanesa!

> **Trattoria del Nuovo Macello**

Desde 1959, las antiguas recetas de la abuela Maddalena se celebran y reinterpretan, en la cocina de la Trattoria del Nuovo Macello, con un toque contemporáneo. Su *risotto alla milanese* es uno de los mejores de la ciudad, tan cremoso que, cuando te lo acabas, tienes ganas de pedirte otro.

Tampoco dejes de probar el escalope a la milanesa de carne con 40 días de maduración, servido con o sin hueso, e incluso en medias raciones. Si es tu primera vez, el menú degustación es casi tan imprescindible como pedir una mesa en el comedor de abajo. Un auténtico deleite.

TRATTORIA DEL NUOVO MACELLO
VIA CESARE LOMBROSO, 20
20127 MILANO

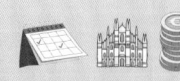

+39 02 5990 2122

trattoriadelnuovomacello.it
Instagram: @trattoriadelnuovomacello

111

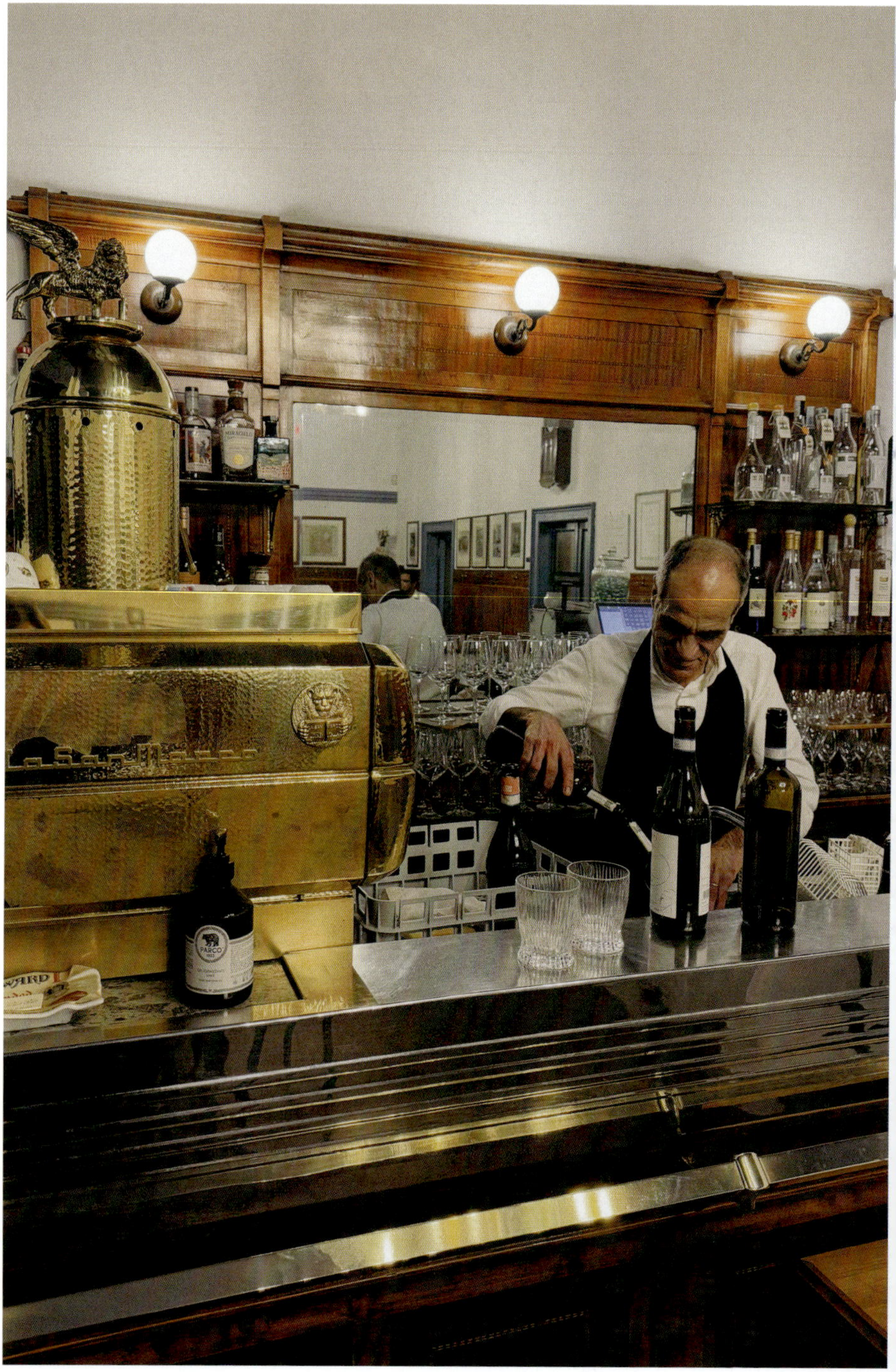
PARCO

> **Trattoria Masuelli San Marco**

Heredada de padres a hijos hasta la tercera generación desde 1921, la Trattoria Masuelli San Marco sirve la mejor milanesa de la ciudad: fina, crujiente y dorada, como debe ser. Un respeto casi religioso por la tradición que perdura en Milán. Lo necesario para que te enamores de la cotoletta alla milanese, incluso si antes no eras muy fan.

TRATTORIA MASUELLI SAN MARCO
VIALE UMBRIA, 80
20135 MILANO

+39 02 5518 4138

masuellitrattoria.com
Instagram: @trattoriamasuelli

//

#29

EL ARTE DEL SIGLO XX
AL ALCANCE DE TODOS

Entrar en Robertaebasta es como cruzar el umbral de un museo donde cada obra expuesta puede ser tuya. La galería alberga una colección vanguardista de obras de los artistas internacionales más importantes del siglo XX.

Roberta Tagliavini fundó su primera galería en Milán en 1967, en una época en la que la ciudad distaba mucho de ser la elegante metrópolis que es hoy. «Milán era muy sucia», recuerda. Pero lejos de detenerse en las apariencias, contribuyó a transformar Brera en uno de los barrios más cotizados de la ciudad.

Sus primeros clientes fueron los grandes diseñadores de moda, visionarios capaces de anticiparse a las tendencias. Armani –que sigue siendo un cliente fiel–, Cavalli, Versace. «Versace fue oficialmente la primera persona que entró y compró aquí en la tienda aquí, en Brera», afirma Roberta. Desde entonces, su intuición y experiencia la han convertido en una referencia internacional, especializada en los estilos *art nouveau* y *art déco*, que abarca todo el siglo XX.

ROBERTAEBASTA
VIA FIORI CHIARI, 2
20121 MILANO

+39 02 861 593

robertaebasta.com
Instagram: @galleria_robertaebasta

115

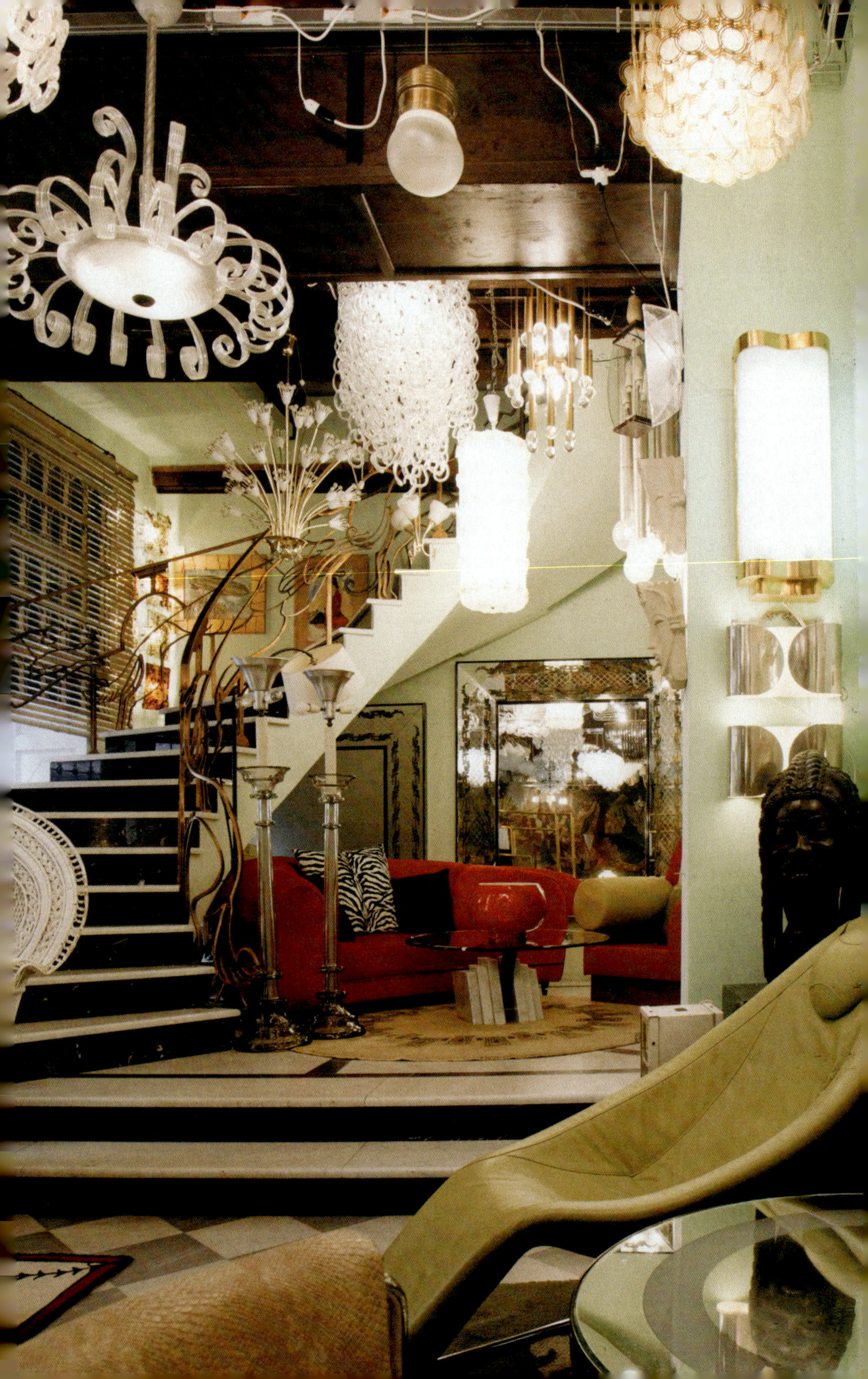

Hoy, junto a su hijo Mattia Martinelli, que creció rodeado de obras icónicas, ha ampliado sus horizontes abriendo otras galerías en Milán y Londres.

Roberta tiene un talento único para detectar la belleza antes de que se vuelva tendencia: «Siempre he tenido la suerte de encontrar ciertos objetos antes de que los demás los entiendan, lo que me permite comprarlos a mejor precio. Luego, cuando empiezan a estar muy solicitados y su valor aumenta, paso a otra cosa», confiesa.

Adoptada por Milán en los años 1980, Roberta hizo de Brera su hogar. La puedes encontrar aquí todas las mañanas, de pie con su café. Cuando no está en la galería, participa en el programa de televisión *Cash or Trash*, donde su ojo para la historia y el valor de los objetos encuentra un nuevo espacio.

«Estar rodeada de cosas bellas es bueno para el espíritu.» Y, en efecto, saldrás de Robertaebasta llevándote una buena energía y, si tu bolsillo te lo permite, una pieza única que te recordará esa sensación cada vez que la contemples en tu casa.

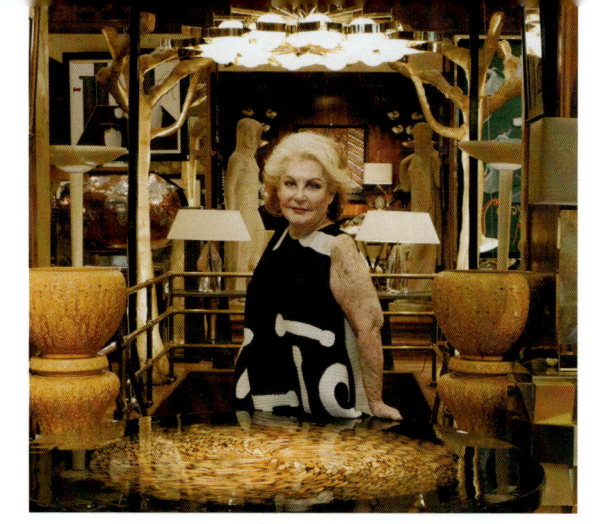

- ROBERTA TAGLIAVINI -
MARCHANTE DE ARTE DE BRERA

¿Cómo nació tu pasión por el arte?

Empecé a los 16 años, sin dinero. Mi marido vendía ataúdes y, al mismo tiempo, diseñábamos muebles. ¡Lo más gracioso es que ahora esos muebles se venden en los mercados de pulgas…! A los 21 años, abrí con una socia mi primera galería, Roberta e Magda, en la Piazza San Babila.

¿De dónde viene el nombre de tu tienda?

Después de trabajar con Magda durante diez años, nos separamos. Ella me pidió que quitara su nombre de la tienda, así que la llamé Robertaebasta –un guiño que causó impresión.

Liquidé las existencias y me dediqué al *art nouveau*, mi nueva pasión, que nadie ofrecía en Italia.

¿Por qué Brera?

Dejé el centro en 1980 porque los precios se habían disparado y la ciudad se había vuelto peligrosa. Había muchos enfrentamientos políticos en las calles y ya no me sentía segura en Piazza San Babila. Brera no costaba nada en aquel entonces, era un barrio sucio, en mal estado y alejado del centro.

Fui, sin duda, una de las primeras personas en transformar el aspecto de Brera, que con el tiempo se ha convertido en una zona muy cotizada.

¿Qué acogida tuvo la apertura de tu tienda?

Al principio, a poca gente le gustaba lo que ofrecía, aparte de los sastres y estilistas. Después, los periódicos empezaron a pedirme que les prestara obras para sesiones fotográficas. Luego llegaron las películas: desde *Ocean's Twelve* hasta *El gran Gatsby*, pasando por *La casa Gucci*. No fue hasta más tarde cuando empresarios y particulares comenzaron a interesarse por mi trabajo.

¿Qué lugar encarna mejor el espíritu de la ciudad?

¡Brera, por supuesto! Este barrio se parece mucho a mí: un poco loco, desordenado, creativo y lleno de vida. Es ruidoso, y eso me encanta. Está muy lejos de ser un lugar aséptico.

¿Cuál es tu momento favorito del día?

Me encanta la primera hora de la mañana: llego a las 8:30, ordeno, me pongo a revisar las cuentas, preparo una exposición, hago dibujos... Es cuando más creativa soy. El Castillo Sforza, a un paso de aquí, es magnífico a esa hora. Voy ahí a menudo a pasear con mi perro y es como si, por un instante, solo estuviéramos nosotros.

¿Cuál de tus adquisiciones es tu favorita?

¡Me es imposible elegir! Nunca me quedo anclada en una sola cosa, es una variación constante. Es lo bonito de esta profesión: poder elegir e incluso crear tendencias.

Pagué 60 millones de liras (unos 30 000 euros) por un Boetti, y ahora uno de sus cuadros vale un millón de euros.

No se aprende a ser pionero en un ámbito. Cuando un objeto nuevo me emociona, sé que va a funcionar. Me encanta comprar, pero el placer termina en el momento en que pagas. Después, ¡hay que vender!

¿Tu tradición milanesa favorita?

Milán es fiel a su palabra. Milán es como yo: pragmática, vibrante, acogedora, trabajadora y nunca se cansa.

¿Algún consejo para descubrir Milán?

Nunca te cansas de mirarla. Milán es hermosa en todas partes: en sus callejuelas y en sus patios, los más bonitos del mundo.

Esta ciudad no se muestra como lo hace Roma; en Milán, hay que entrar. Abres una puerta y otro mundo se abre ante ti.

#30

UNA JOYA OCULTA
DEL RENACIMIENTO

Construida entre 1462 y 1468 dentro de la basílica de Sant'Eustorgio por encargo del banquero florentino Pigello Portinari, agente del banco de los Médici en Milán, la capilla Portinari es una obra maestra poco conocida del Renacimiento lombardo que no puedes perderte bajo ningún concepto.

En el centro de la capilla se encuentra el monumental sepulcro de San Pedro Mártir, realizado en 1336 por el maestro escultor Giovanni di Balduccio y un verdadero atractivo.

La guinda del pastel: lo más probable es que estés prácticamente a solas.

Destacan ocho figuras femeninas de pie sobre unos animales, algunos mitológicos, que representan las virtudes que el alma debe cultivar para elevarse espiritualmente. No dejes de admirar también los maravillosos frescos de las paredes de la capilla, realizados por Vincenzo Foppa entre 1464 y 1468, y los espectaculares frescos en el interior de la cúpula.

CAPPELLA PORTINARI
PIAZZA SANT'EUSTORGIO, 3
20122 MILANO

chiostrisanteustorgio.it

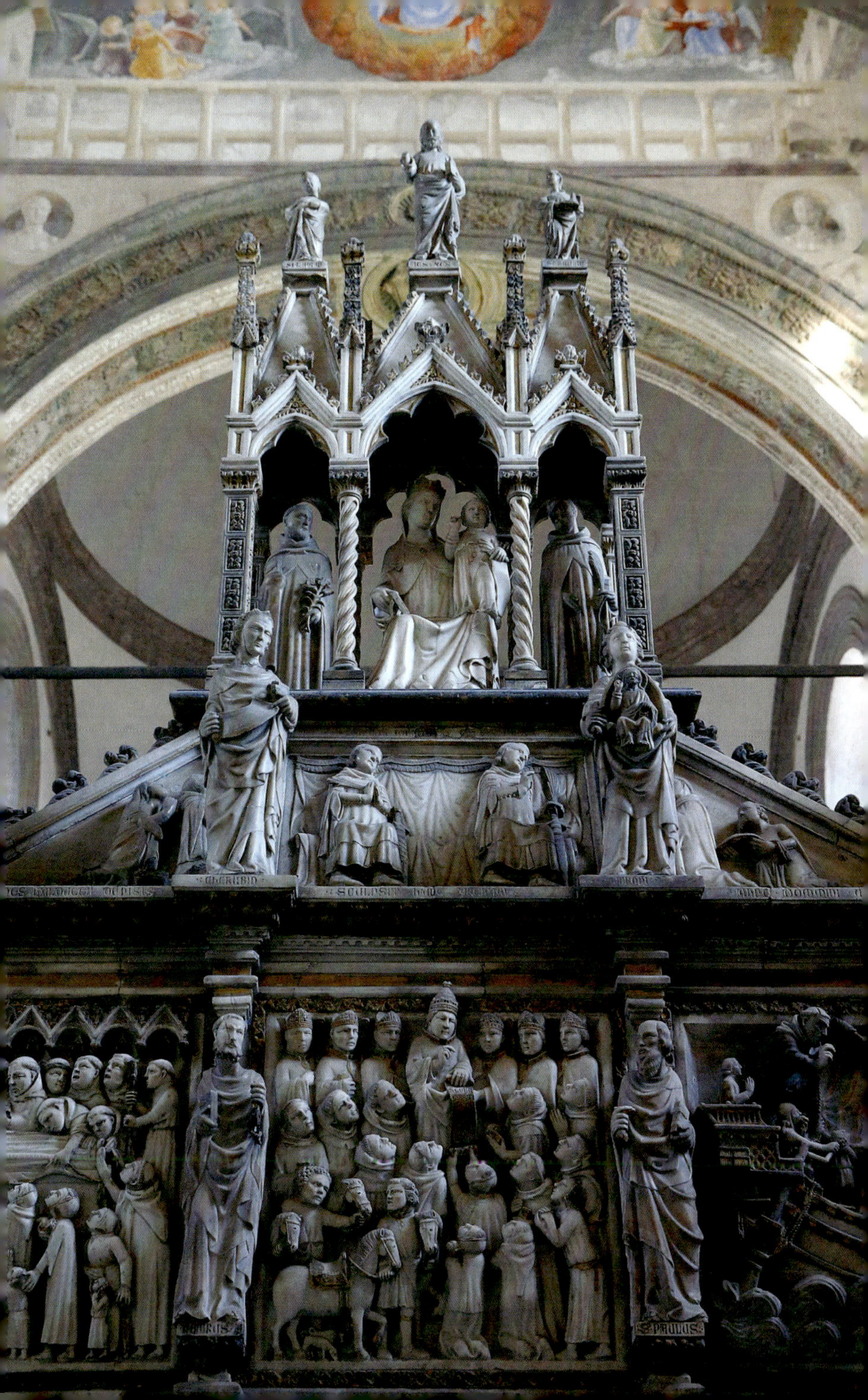
SCULPSIT
PAULUS

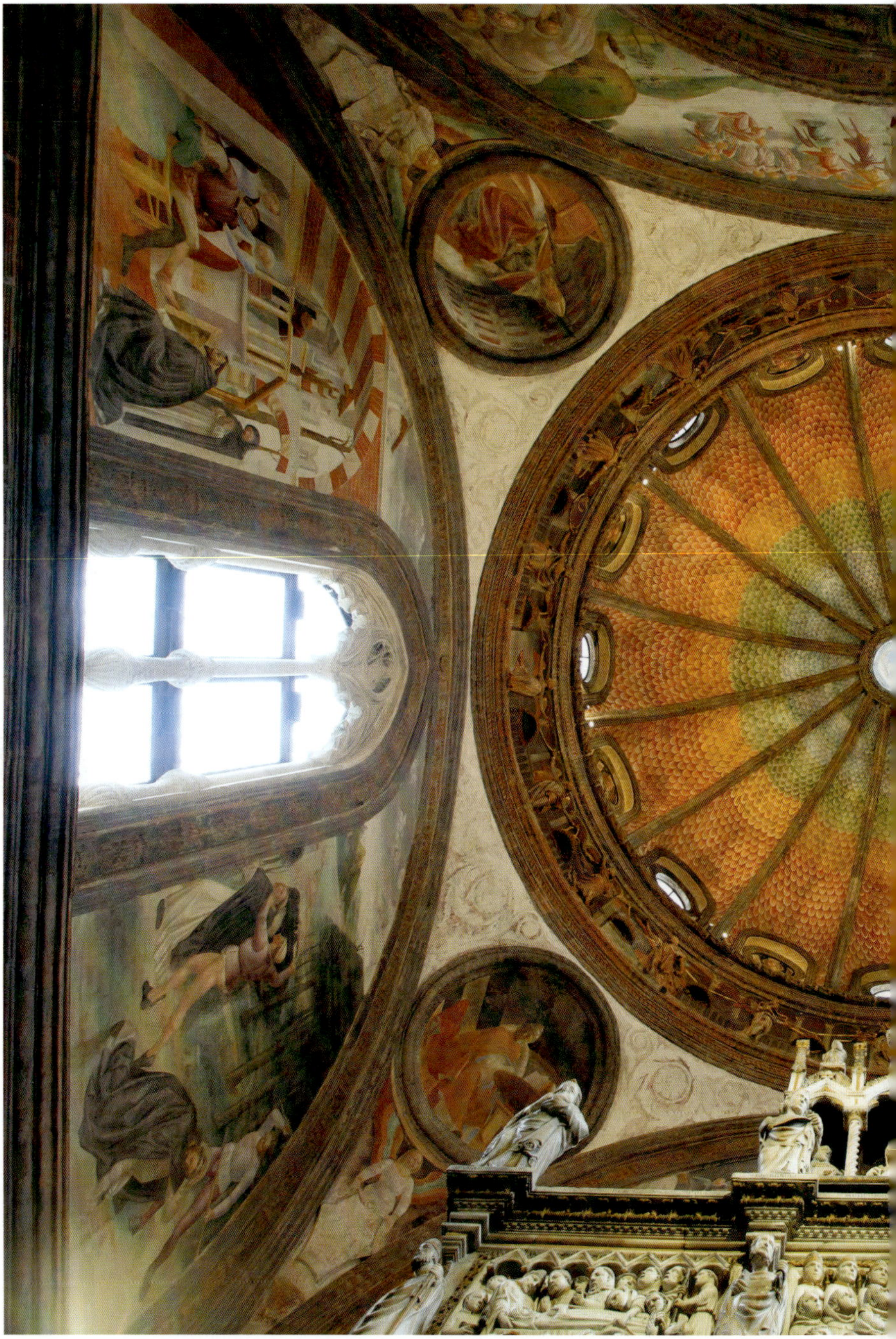

123

AGRADECIMIENTOS

A **MILÁN**, porque si no se hubiera dejado atrapar, con sus habitantes, nunca habría podido descubrirla y redescubrirla con vosotros.

A **OTTAVIO FANTIN**, fotógrafo de gran talento, que ha redescubierto el placer de capturar instantes con pasión gracias a esta guía. Por su paciencia, sus numerosos consejos compartidos y todas las aventuras de viaje que hemos vivido juntos —ahora que conoces el camino es imposible que te pierdas.

A **THOMAS JONGLEZ**, por haber creído en mis ideas, a veces atrevidas, desde el primer momento, y por haberme permitido dar vida a este objeto tan preciado.

A **FEDERICO ESPOSITO** y **MARTA FALCON**, por sus sabios consejos de escritura y por compartir siempre este Milán *nuestro*.

A **MADO DE LA QUINTINIE**, **EMMANUELLE W. TOULEMONDE** y a todos los traductores y correctores implicados, porque sin vosotros, este libro no podría volar a los cuatro rincones del mundo.

Y, por último, a mis padres, **GIANFRANCO** y **GRAZIELLA**, que me hicieron descubrir el mundo y sus rincones más remotos cuando aún no sabía hablar, y a mi tío **DARIO**, que siempre me hizo viajar con la imaginación. Por su valentía y por enseñarme a amar la vida.

Este libro ha visto la luz gracias a:
Margherita Devalle, textos - @margherita_devalle
Ottavio Fantin, fotógrafo
Patricia Peyrelongue, traducción
Carmen Moya, corrección de estilo
Anahí Fernández Lencina, revisión
Emmanuelle Willard Toulemonde, maquetación
Thomas Jonglez y **Mado de La Quintinie**, edición

Mapa: © Sacha Doubroff
Portada: © Ottavio Fantin
Contraportada: © Ikeskinen et © CreativePinkBird – AdobeStock

Escríbenos a info@editorialjonglez.com
Síguenos en Instagram: @editionsjonglez

GRACIAS

De la misma editorial

Atlas

Atlas de curiosidades geográficas
Atlas de los climas extremos
Atlas de lugares abandonados
Atlas de vinos insólitos

Libros de fotografía

Cines abandonados en el mundo
España abandonada
Estados Unidos abandonado
Hoteles insólitos
Hoteles insólitos: España y Portugal
Iglesias abandonadas - Lugares de culto en ruina
Japón abandonado
Lugares abandonados - Descrubrimientos insólitos de un patrimonio olvidado
Lugares sagrados secretos
Patrimonio abandonado
Venecia desierta
Venecia desde el cielo
Vinos insólitos

Colección La Otra Guía / Soul of

Ámsterdam - Guía de las 30 mejores experiencias
Barcelona - 30 experiencias
Bruselas - La Otra Guía
Kioto - La Otra Guía
Lisboa - La Otra Guía
Soul of Los Ángeles - Guía de las 30 mejores experiencias
Soul of Marrakech - Guía de las 30 mejores experiencias
Soul of Nueva York - Guía de las 30 mejores experiencias
Paris - 30 experiencias
Soul of Atenas - Guía de las 30 mejores experiencias
Soul of Berlín - Guía de las 30 mejores experiencias
Soul of Roma - Guía de las 30 mejores experiencias
Soul of Venecia - Guía de las 30 mejores experiencias
Tokio - Guía de las mejores experiencias
Viena - La Otra Guía

Guías insólitas y secretas

Ámsterdam insólita y secreta
Barcelona insólita y secreta
Berlín insólito y secreto
Bruselas insólita y secreta
Buenos Aires insólita y secreta
Cádiz insólita y secreta
Ciudad de México insólita y secreta
Costa Azul insólita y secreta
Estambul insólita y secreta
Florencia insólita y secreta
Granada insólita y secreta
Lisboa insólita y secreta
Londres insólita y secreta
Los Ángeles insólita y secreta
Madrid insólita y secreta
Milán insólita y secreta
Nueva York insólita y secreta
París insólita y secreta
Praga insólita y secreta
Río insólita y secreta
Roma insólita y secreta
Santiago insólito y secreto
Sevilla insólita y secreta
Tokio insólita y secreta
Venecia insólita y secreta
Viena insólita y secreta

Síguenos en Facebook e Instagram

Conforme a la ley vigente (Toulouse 14-01-1887), el editor no será responsable de los errores u omisiones involuntarios que puedan aparecer en esta guía, a pesar de nuestra diligencia y las verificaciones por parte del equipo de redacción.
Se prohíbe la reproducción total o parcial de este libro sin la autorización previa del editor.

© JONGLEZ 2025
Depósito legal: Mayo 2025 - Edición : 01
ISBN: 978-2-36195-893-0
Impreso en Eslovaquia por Polygraf